半小時
漫畫中國史 5
明清大亂鬥，笑着笑着就亡了

陳磊（二混子）——著

目 錄

一、大明王朝

1. 全能型創業者朱元璋

關於中國歷史，我們已經講到了元朝，接著我們來聊聊大明王朝。

明朝在今南京建立的時候，元朝還在北京活得四仰八叉 ❶，因此朱元璋登基後的第一件事，就是去北京幹掉元朝。

對於交戰雙方，這是關乎國家命運的對決，而對於每一個中國人，它賭上的是——

烤鴨和**鹽水鴨**的尊嚴。

可惜蒙古人早就不能打了，大明嶄新的軍隊開到時，**元順帝**就帶著他的蒙古同胞逃出了北京，回到了老家**蒙古草原**。

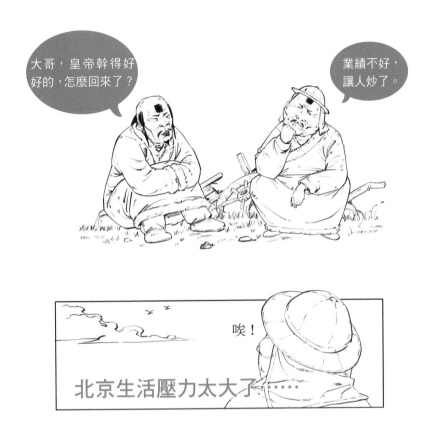

皇帝嘛，幹了一百年；戶口嘛，一個沒落下來。

其實**元順帝**這個尊號，是後來朱元璋給的，為的是紀念他順應天意，沒有頑抗，以一個北漂的標準要求自己，成為歷史上第一個勇敢逃離北京的人。

好了，我們先不說蒙古人。這個時候，明朝才算真正落戶**南京**，統治了全國。

朱元璋，安徽省傑出斜槓青年，先後從事過多種職業：

放牛娃　／　和尚　／　乞丐

朱元璋一直在轉型，從未脫過貧。他雖然窮得非常穩定，但也因此得到了很多歷練，擅長在各個行業間迅速切換模式。

在他當上皇帝後，他又迅速具備了全能型創業者的優秀素質。

下面就讓我們來看看，朱元璋是如何依靠這些素質打造大明王朝的。

一、要有用戶思維

什麼叫用戶思維？就是知道客戶的需要。

在元朝統治下，老百姓忍受了多年的苛政、戰亂。朱元璋出身最底層，過過最苦的日子，對於老百姓遭受的苦難，他感同身受。

所以他登上皇位後，馬上給老百姓減稅，重新分田地，恢復生產，減少兵役對百姓的負擔，讓大家好好種地，不要整天跑去打仗。

二、要果敢，當斷則斷

朱元璋是叫化子出身，雖然當了皇帝，但內心滿滿的自卑無處安放，接著就憋出了皇帝的職業病：

總有刁民想害朕！

這毛病宋朝的**趙匡胤**也得過，具體症狀是：總懷疑當年跟他一起造反的小夥伴哪天也要把自己擼下來。這種事情可不得了。

預備，唱！

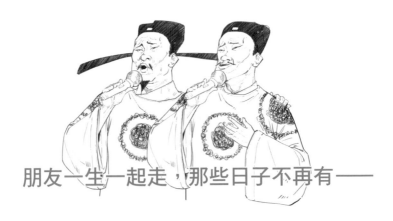

朋友一生一起走，那些日子不再有——

但趙匡胤這小子情商高，很快就痊癒了。

> 小朱，你這種情況，請大家喝頓酒就好了。「杯酒釋兵權」聽過嗎？

然而朱元璋不行，大家都知道，他很敬重他老婆馬皇后。

> 妻管炎，在吃頭孢 ❷，不能喝酒。

那怎麼辦呢？在事業上升期遇到阻礙，朱元璋像所有優秀領導一樣當機立斷：

於是那些立下汗馬功勞的兄弟，也就是明朝的開國大臣們，基本都被砍了個乾淨。

其中最值得一提的，是宰相**胡惟庸**。

宰相的地位僅次於皇帝，位高權重，一言不合就可以把皇帝說到懷疑人生。歷史上優秀的宰相都會努力約束皇帝，不讓他太傲嬌。

這個胡惟庸，人秀不秀不好說，但腦子很鏽。他大概覺得宰相和偶像是一個意思，於是在朝廷裡作威作福，栽培勢力，結黨營私。

朱元璋早就看他不順眼了，二話不說，以謀反罪把胡惟庸給砍了。

不光是胡惟庸本人，朱元璋還徹查了他的關係鏈。沒想到胡惟庸還是個寶藏男孩，順藤摸瓜挖出來的人竟有三萬多。

這些人全部被株連。

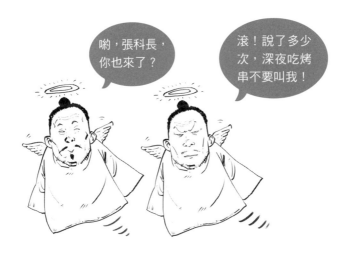

最慘的是，退休老幹部也未能倖免。上一任宰相、開國功勳**李善長**，也被拉出來砍了。

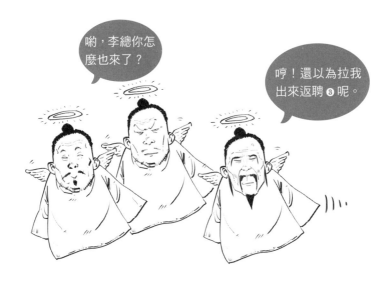

幹掉胡惟庸，朱元璋覺得心好累，於是又做了個重大決定：

砍掉宰相這個職位！

近兩千年，中國封建官制下的中央政府一般是這樣的：

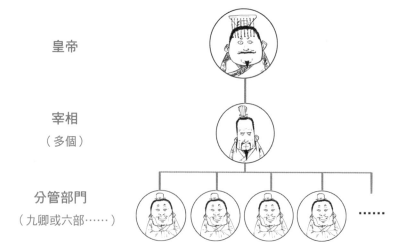

皇帝

宰相

（多個）

分管部門

（九卿或六部……）

而在胡惟庸之後變成了這樣：

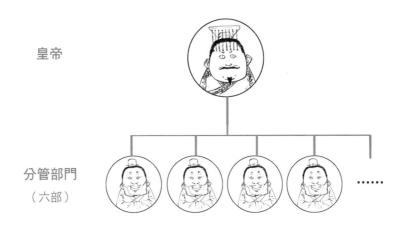

宰相沒了，皇帝直接管理**六部**。

胡惟庸不但終結了自己的職業生涯，還把宰相這個職業也終結了。

**厲害啊，都影響大環境了，
一個宰相讓你幹成了夕陽產業啊！**

胡惟庸就是中國最後一個宰相。

在中央取消了宰相，朱元璋還不放心，覺得地方上的官員也可能搞事，也得改。

以前地方上的最高領導機構叫——

今天說的「省」是指某個地方，比如江西省，但最早它其實是個官署名稱。

這個機構大權在握，很容易自我膨脹，於是朱元璋把它也砍掉了，換成三個部門，分管**民政、軍事和司法**。

他們就是：

三個部門互相牽制，誰也搞不了事。這就是我們常說的**三司**。

三、創業是個體力活，精力要充沛

沒了宰相，就意味著所有的事情都要皇帝自己幹。怎麼辦？

還能怎麼辦？
沒有香檳的年代，就瞎慶祝一下吧！

作為史上著名的工作狂，朱元璋沒別的愛好，就喜歡工作，幾乎全年無休。別人是上班像上墳，他反倒是下班像下葬。

朱大哥親自管理所有事務，據說最多的時候一天處理四百多件政務。在他看來，這才是真正的**中央集權**。

說出來你可能不信，掌握全中國的關鍵在於——

量子速讀！

四、要時刻對市場瞭如指掌

　　成功的創業者，必須時刻對市場保持敏感。中央和地方上都做了改革，但朱元璋還不放心，他還需要明察暗訪，看看還有沒有人密謀造反。派誰去呢？打探情報這種事情，不是什麼人都能幹的。正好皇帝身邊有個儀隊，每天穿得漂漂亮亮的，於是他們就被改成了一個到處蒐集情報的特務部門。

　　朱元璋就這樣親手創建了號稱「大明國家模特隊」的明朝特產：

錦衣衛直屬皇帝管理，地位非常高，碰到疑犯可以直接拿下，做出判決，跟六部平起平坐。

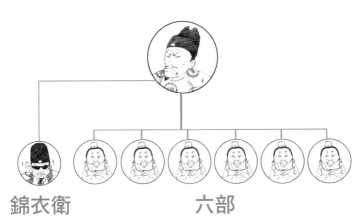

因為權力太大，錦衣衛幹了不少壞事，朱元璋在晚年的時候又把它給撤銷了。

　　好了，朱元璋的故事告一段落。朱元璋猜忌了一輩子，把大臣殺了個乾淨，那大明王朝的工作誰來幹呢？

　　只能交給兒子們了。

　　比如駐守邊境。雖然蒙古人隨著元朝的滅亡退出了中原，但他們並沒有消失，還在北方不斷地騷擾大明。

朱元璋的兒子們就被派去國家的最北方鎮守。

要完成這麼重要的工作，自然是要手握重兵。他們又有地盤，又有自己的軍隊，這出門就不叫小朱朱了，叫**藩王**。

兒子們親自駐守邊境，朱元璋非常放心，以為自己既解決了內部威脅，又抵抗了外敵。這之後，他把皇位傳給了他最喜歡的孫子**朱允炆**（長子朱標死得早），就安心地去了。

朱允炆就是**建文帝**。他性格仁慈溫和，差點兒就能成為一個不錯的皇帝，可惜一不小心，遺傳了他爺爺的猜忌。

他覺得叔叔們（也就是各大**藩王**）的實力太強了。在皇帝眼中，這純粹是找削，於是他說：

　　其實這也正常，畢竟叔叔們都有野心，留著不安全。但這麼多藩王，你要削也得挨個削，他非要攢一撥❹，一口氣全削。

這就意味著叔叔們要集體失業了，於是他們只能聯合起來造反。

要工作！要麵包！

其中帶頭的，就是地盤在今北京一帶的燕王——朱允炆的四大叔朱棣。

雖然朱棣是朱元璋最會打仗的兒子，但他畢竟只是一個藩王，實力有限，經過了好幾年的苦戰，才終於把侄子從皇位上擼了下來，自己登上了皇位。

這就是明朝第三個皇帝：**明成祖**。

這場從侄子手裡奪位的戰役，叫作**靖難之役**。

朱允炆的問題在於，他就是個憨憨，得了他
爺爺的病，卻還是當孫子的命。他削藩那麼
狠，但真打起仗來，竟然為了顯示仁慈，要
求部隊不要傷及造反的叔叔。

嘿，朱棣！
Don't be afraid!

朱元璋防了一輩子外姓人，結果他孫子被自家人打敗了。

　　朱棣很有本事，他統治下的明朝繁榮且強大，南邊的安南（今
越南）、北邊的蒙古都被他收拾得服服貼貼的。
　　明成祖年號**永樂**，這就是明朝的**永樂盛世**。

朱棣是朱元璋最有能力的兒子，但肯定不是最乖的。他一上位，至少有兩件事沒照著老爹的路線走：

1. 遷都

　　朱元璋在南京發跡，都城也定在南京，但朱棣一上來就力排眾議，把首都遷到了**北京**。

　　原因很簡單，朱棣曾經在那兒當藩王，熟！

北京靠近當時的邊境**山海關**，這就是我們現在說的「**天子守國門**」。

2. 重用太監

這事可就嚴重了，故事是這樣的——

當年在靖難之役中，有人給朱棣提供重要情報，幫助他取得了最終勝利，登上皇位。

他們就**是太監**。

所以，儘管朱元璋當年明令禁止太監干政，但到了朱棣這兒，太監們又翻身了。他們的地位很高，並且越來越多地參與到政事當中。

　　比如，大明如此強大，皇帝要到全世界去吸粉，於是組了個超大規模的船隊，沒事就出海顯擺——這件事情就交給了一個太監來負責。

　　這個太監叫**鄭和**，這就是鄭和下西洋。

也有傳言說，鄭和其實是在替朱棣滿世界尋找兵敗之後就下落不明的侄子**朱允炆**。

　　這是中華民族教科書級別的優秀太監代表。但並不是所有太監都是這樣的業界良心。

　　比如，朱棣畢竟坑了侄子的皇位，怕有人不服，需要滿世界揪出潛在的危險，於是他把身邊的太監們集合起來，成立了一個新的特務團隊。

這就是繼朱元璋之後，朱棣打造的明朝又一個特產：

同時，朱棣把朱元璋晚年撤銷的錦衣衛重建了起來。**錦衣衛**和**東廠**都直屬皇帝管理。

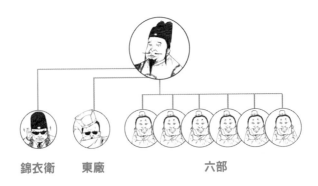

錦衣衛　　東廠　　　　　　六部

錦衣衛和東廠這明朝兩大特產，並稱**廠衛**。

　　好了，朱棣的故事也告一段落了。永樂盛世之後，又經歷了兩個皇帝：明仁宗和明宣宗。這兩個皇帝表現很不錯，基本延續了朱棣的盛世，所以緊接著又是一個繁榮時期：

仁宣之治

明宣宗朱瞻基是明朝少有的五星好評皇帝，但他的業餘愛好比較奇葩：鬥蟋蟀。 他經常因為到處找蟋蟀給百姓帶來各種麻煩，所以被稱為**「蟋蟀天子」**。

預備，唱！

太陽當空照，蟈蟈對我笑……

　　好了，聊完以上五個皇帝，明朝最輝煌的時期也就過去了，在剩下的日子裡，將會發生許多鬧心❺的事。

　　朱棣大概想不到，其中最鬧心的，就是重用太監帶來的負面影響居然這麼快就出現了。

知識小補丁

在**靖難之役**中，朱棣拉攏了一個兄弟叫**寧王**，並且承諾造反成功後，天下分他一半。後來朱棣並沒有兌現承諾，從此和寧王結下了梁子。
因此寧王的後代，也就是歷代寧王都跟皇帝不對盤，動不動就想造反。

《**唐伯虎點秋香**》裡這位隨地大小便的寧王，就是其中一位。

一、大明王朝

2. 鬧心事最多的六個皇帝

明英宗　　　　明代宗　　　　明憲宗

明孝宗　　　　明武宗　　　　明世宗

明朝有十六個皇帝，本章將會講到中間這六個：

為何把他們攏一塊兒呢？因為他們的人生有著共同的主題：

鬧心

六個皇帝，都有自己的鬧心事。這段時間的大明朝，從表面上看故事很複雜，但其實主要就是**三大麻煩**：

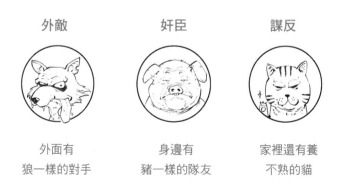

外敵	奸臣	謀反
外面有 狼一樣的對手	身邊有 豬一樣的隊友	家裡還有養 不熟的貓

這三大麻煩經過各種組合，就帶來了各種鬧心。下面我們來挨個看看，皇帝們都遇上了些什麼。

一、當兩個麻煩一起上，會發生什麼？

明英宗

明英宗的麻煩：

奸臣 ＋ 外敵

我們先來說說奸臣。

朱棣讓太監們鹹魚翻身，從此他們在朝廷裡就有地位了；而**明仁宗、明宣宗**父子倆共同締造了**仁宣之治**之後，就膨脹了，甚至教起了太監們讀書。

好嘛，正中下懷。太監可能是這個世界上最需要文化的人，因為他們可以用來干涉朝政，卻又不需要教孩子做作業。

當祖宗說他在給你打基礎的時候，你就要小心了。因為他可能是在挖坑。經過祖上三代的不懈努力，**明英宗**穩穩地掉坑裡了。

明英宗身邊有個太監叫**王振**，據說是自宮當上的太監。他看著皇帝長大，有文化又懂得諂媚，因此地位非常高。這個王振就是明英宗身邊的大奸臣。

我們再來說說**外敵**。蒙古人退出中原後，分成兩大部：

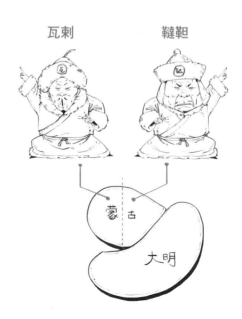

兩邊互鬥，輪流當大哥。不過他們對於明朝來說都是一個樣子，只要有空，都要過來騷擾一下。

他們見縫插針地跑來搗亂，而且異常執著，打完一次，下次還能再見，就像你昨天吃過的金針菇。本章後面提到的所有皇帝遭遇的外敵，都有他們。他們就是標準配置。

明英宗的時候，**瓦剌**是蒙古一哥。有一天，瓦剌來到大明朝貢，正好由大太監**王振**接待。王振摳門，不肯多給點賞賜，場面很尷尬。

大哥，打個賞唄？
直接掃我就行。

對不起，我們明朝
還沒發明手機。

　　瓦剌頭領正好一天到晚都在想著要打回中原，但又找不到藉口，於是當時就露出了滿意的微笑。

　　兩大麻煩，都不用上「非誠勿擾」，自己就牽手成功了。

　　然後瓦剌就來打架了。王振大概對自己的經歷充滿了自豪，非要慫恿皇帝御駕親征。

結果走到半路，發現「天呀！打仗這麼危險」，就趕緊帶著皇帝掉頭回家。

就算是掉頭回家，王振也不走尋常路，非要邀請皇帝到自己老家繞一下。王振非常有創意地在逃命的時候選擇了自由行的路線，既緩解了領導的緊張情緒，又向鄉親們展示了自己的風采。

然後瓦刺軍隊追上來，把明英宗綁回蒙古去了。

這事兒發生的地方叫土木堡，這就是著名的**土木堡之變**。你說鬧不鬧心？

王振帶著明英宗去自己的家鄉，剛走到，居然因為害怕軍隊踩了自家的田，又停下返回，然後就讓瓦刺追兵逮了。

堂堂皇帝讓人綁架了，明朝從此開始走下坡路。明朝也是從王振專權開始，成了中國歷史上繼**東漢**末年、**唐朝**末年之後的第三大**宦官時代**。

二、三大麻煩只來一個，會不會好一點呢？

明代宗

明代宗的麻煩：

謀反

大明忽然沒了皇帝，怎麼辦？大家正吵得一塌糊塗，有個大臣二話不說，迅速把明英宗的弟弟推上了皇位。

這個代替英宗被捧上場的
選手，叫作**明代宗**。

而這個大臣是誰呢？他捧
人這麼厲害，全中國只有一個名
字配得上他：**于謙**。

　　瓦剌抓了明英宗來勒索明朝，結果被于謙幾句話逼了回去。瓦剌感覺這個人質也沒啥用處，又把英宗給放了回來。

　　明代宗從來沒見過這麼風騷的操作。前皇帝回來了，會不會把現任皇帝擼下來？代宗從此開始鬧心。

綁了票不撕票，我是見過的，
關鍵這為何還退票了呢？

　　果不其然，就在他生病期間的一個晚上，一群大臣把英宗重新推上了皇位。

代宗躺在床上下了崗，感受到了公務員崗位競爭的激烈。他到死也沒想明白，一個被綁架到國外的人，怎麼就有資格當皇帝了？

喲，大哥，怎麼個意思？

海歸啊？

這就是**奪門之變**。

更慘的是，英宗重新上位，把代宗給除名了。所以明代宗最後連**十三陵**都沒進。

所以就算只有一個麻煩，也夠鬧心的。

明憲宗

明憲宗的麻煩：

奸臣

明英宗下崗再就業，變得更加勤政，但他還是把于謙給剁了，
而且他居然很懷念帶他「自由行」的王振。

「別人只關心我逃得快不快，只有王振關
心我逃得開不開心。」

然後他把皇位傳給了兒子**明憲宗**。

憲宗是個深明大義的皇帝，他理解叔叔臨危受命的功勞，所以給代宗恢復了地位，還給于謙平了反。

然而身為明朝皇帝，他還是染上了職業病：身邊沒有太監用，他始終覺得職業生涯缺了點什麼。

　　而且太監這種東西，就像內褲，必須得有，還不能穿別人的。因此明憲宗建立了東廠之外的第二個特務機構：

西廠

西廠很短命，沒幾年就惹了眾怒，被皇帝廢掉了。但它存在的時候，權力比錦衣衛大，甚至大過前輩**東廠**。

　　本來可以爭取明朝好皇帝TOP5的**明憲宗**，因為這個**西廠**留下了巨大的歷史槽點❶。

三、如果三大麻煩一個都沒有，是不是就不鬧心了呢？

呵呵。

明孝宗

明憲宗之後的皇帝是明孝宗，一個真正的「大明好皇帝」TOP3，寬厚而且賢能。他在位期間，蒙古人沒鬧什麼大事，太監最多貪點錢，自家人也老實聽話，明朝終於又打出了一波小高潮：

弘治中興

皇帝當得這麼順利，當然不只是好運。明孝宗為了國家可以說是鞠躬盡瘁。他的身體本來就不好，再加上操心國事，結果人到三十六歲就沒了。

四、如果三大麻煩湊齊了，會發生什麼？

明武宗

明武宗的麻煩：

外敵 ＋ 奸臣 ＋ 謀反

　　明武宗，也就是正德皇帝，奇葩**朱厚照**。此人的存在，是對牛頓最致命的打擊。

武宗十五歲登基，妥妥的小鮮肉，所以道上稱他**「浪味鮮」**。他一心想著外出玩耍撩妹，皇宮根本關不住他。但凡外面有任何的動靜，都會變成他出差的藉口，只要世上還有可愛的女孩子，那麼就——

沒有什麼能夠阻擋，我對自由的嚮往——

　　實在沒理由出去怎麼辦？那就在宮裡建個娛樂會所，裡面安排上珍禽異獸和美女網紅。這個會所叫**豹房**。

只要心中有浪，
哪裡都有 VIP 包廂。

你可以水土不服，卻不能不服明武宗。這個奇葩在位的時候，三大麻煩一個不少，但他一邊玩耍，一邊就把麻煩全消解掉了。

　　外頭的蒙古此時是韃靼當家，有個叫小王子的大哥又帶人來騷擾。武宗大喊「太棒了」，興奮地帶小弟親自上戰場。

　　他一出手就打了場勝仗，叫作**應州大捷**。

發飆了哦！

自己家還有人謀反，這就是
江西的**寧王**。

噢耶！

武宗又開心得不得了，又可以
親征寧王，出門玩耍了。

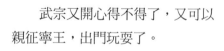

　　誰知剛走到半路，有個巡撫特別不開眼，三兩下就把寧王給搞定了。

　　這個傢伙就是**王守仁**，通常大家叫他**王陽明**。

　　武宗被截和❷，很不開心，但他假裝不知道這事，繼續下江南，一路玩得十分開心。

等到武宗真正見到寧王的時候，王陽明已經綁了他六個月了。

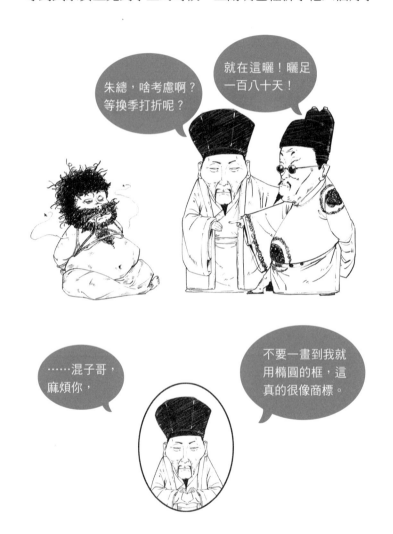

「再強調一遍，我叫**王守仁**，我研究心學，我不做十三香，也不做美味鮮。」

武宗雖然貪玩，但遇上大事他又很拎得清❸，就連太監也摸不清他的套路。

　　有個太監叫**劉瑾**，把武宗伺候得暈頭轉向的，豹房就是他幫著建的。

朱總到了，朱總到了，樓上 VIP 大包廂準備一下。

　　玩得開心的時候，武宗就會把國家大事交給他打理，劉瑾因此在朝中混到一手遮天，很有勢力的樣子。結果就因為有人舉報，說他要謀反，武宗二話不說就把他砍了。

明朝太監很出名，但實力比不上唐朝太監。因為唐朝太監有兵權，明朝太監沒有，所以無論怎麼囂張，皇帝說弄死他就能弄死他。

皇帝當得這麼歡樂，大家是不是終於理解武宗說的「爽死了」？

　　不，你沒有理解。

　　他拿下寧王，春風得意地坐船回京，在路上忽然想抓魚，然後就掉水裡，得了肺炎，病死了。

明武宗，一生放浪，
死於工作時間摸魚。

五、還有比三大麻煩湊齊了更加鬧心的嗎？

明世宗

明世宗的麻煩：　外敵×2　＋　奸臣×2　＋　謀反

摸魚的明武宗沒兒子，皇位傳給了堂弟**明世宗**，也就是**嘉靖皇帝**。

跟前面的皇帝相比，嘉靖皇帝活成了一個大寫的**慘**字，不但三大麻煩一個不少，而且還都是增強版，加量不加價那種。

我們先說謀反。為什麼說嘉靖年間的謀反是加強版呢？因為中華上下五千年，僅此一件。

　　謀反的不是親王，不是大臣，更不是前任皇帝，而是**宮女**。

　　嘉靖喜歡玩修仙，據說非常倒胃口地要用宮女的經血來煉丹，所以宮女不能亂吃東西，只能整點清淡的。

　　而他自己也要喝清晨的露水。宮女們本來就吃不飽，每天還得起早收集樹葉上的晨露。

　　最後這些姑娘實在扛不住了，覺得皇帝這麼修仙效率太低，想了一個幫他盡快成仙的辦法：

　　宮女們正要趁皇帝睡覺的時候勒死他，結果慌亂之中失敗了，最後都被處以極刑。這事叫作**壬寅宮變**。

　　一個皇帝，差點死在宮女手裡，實在是太沒面子了。上一次有男人被一群妹子套牢，那還是唐朝的事：

兄弟，看開點－
都是取經人，誰還沒點挫折呢。

　　人生如此艱難，嘉靖皇帝真的鬧心，所以他在位時好多年都不上朝。皇帝不上朝，國家怎麼辦？

　　沒關係，每個不上班的老闆，身邊總有個屁事多的祕書。嘉靖皇帝身邊就有個紅人，趁機在朝廷裡胡作非為，這就是大學士**嚴嵩**。

他不是太監，但他以一個太監的標準要求自己——諂媚皇帝、擅自決斷、禍國殃民，努力填補了本朝奸臣的空白。

除了嚴嵩這種中央豬隊友，邊疆也有豬隊友。

有一天蒙古人進犯，邊境有個總兵，不但不抵抗，居然還花錢賄賂蒙古人，說你們別打我了，繞過去直接打北京吧！

冤有頭，債有主，請你直接繞過我！

　　敵人收到紅包的那一剎那，充分體會到了什麼叫戰火無情、人間有愛：

　　最後蒙古人長驅直入，直接幹到了皇城下，逼得皇帝答應了蒙古人要求通商的條件，才算完事。這事叫作**庚戌之變**。

　　除了上面說的外敵標配蒙古人，明朝還出現了一坨新的敵人，他們就是——

倭寇

明朝中期，隔壁的日本正值戰國時代，各地領主打得昏天黑地。

這一打，就打出來大量的魯蛇。魯蛇們想要東山再起，就必須搞到錢。怎麼辦呢？於是他們盯上了物質無比豐富的大明朝。

去大明！做代購！

然而來做生意的人又多又雜，明朝就開始發證，有證的才能合法貿易。

　　結果證書一發，更加亂套了：有證的要爭先，沒證的也要鬧。

　　明朝一生氣：乾脆都別來了！

　　日本人做不了海淘，乾脆就當了海盜。海盜越來越多，最後發展成了倭寇。

　　到了嘉靖年間，**浙江、福建**沿海一帶，倭寇的侵略那是相當嚴重。

　　不過雖然有著這麼多麻煩，但嘉靖還算幸運，所有的問題好歹都被解決了。

　　嚴嵩因為皇帝沉迷修仙而得勢，最後也是因為皇帝沉迷修仙，被一個道士的幾句話給扳倒了。

　　邊境那個總兵，在蒙古人退兵之後，也被皇帝給算了帳。

　　倭寇正鬧得不可開交，然後他們不幸碰到了大明國寶級抗日奇俠——

戚繼光

　　戚繼光帶著他的戚家軍在浙江沿海九戰九捷，基本把倭寇全幹趴下了。

嘉靖皇帝統治期間非常鬧心，用了奸臣，壞了朝綱，但最後都及時止損了。其實他還是有作為的，改革、除弊，給大明帝國帶來了一些振興，只是狀態很不穩定。

嘉靖皇帝有個歷史評價叫：**忽功忽罪，忽愚忽智**。

其實這句話可以概括很多明朝皇帝，他們中不乏極聰慧之人，卻止於嬉戲怠政。當然這其中還有著很多其他的歷史因素，大家有機會可以讀讀《明史》，感受一下。

好了，雖然本章介紹的這六個皇帝各有各的問題，各有各的鬧心，但這些麻煩還不是明朝最大的問題。

我們下一章將要看到的，才是大明王朝真正的大麻煩。

一、大明王朝

3. 隆慶皇帝最佛系；萬曆皇帝不上朝

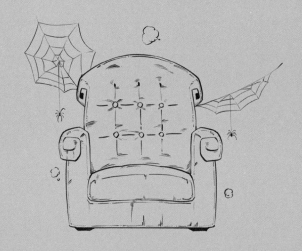

從**明英宗**被瓦剌綁票，到**嘉靖**被宮女套牢，明朝經歷了一大段鬧心的時期。接下來我們可以稍微喘口氣，因為嘉靖把皇位傳給了兒子——

隆慶皇帝

其實嘉靖並不怎麼待見 ❶ 這個兒子，隆慶自己大概也沒想過能當皇帝，但奈何本來要接盤的兄弟們都掛了。

所以隆慶不爭不搶，皇位就自己滾到屁股底下來了。

隆慶成了明朝最佛系的皇帝。他仁慈寬厚，就連大臣們吵架，他也只會在旁邊呵呵笑。

就這麼一個性格溫和的皇帝，給大明朝辦了幾件事，件件皆大
歡喜。

1. 隆慶開關

之前明朝不跟日本人做生意，結果把他們逼成倭寇，即使後來
戚繼光把他們基本消滅了，也總還是絕不了根。

隆慶一上位就把海禁給開了，不玩高冷了，放老百姓去跟外國人做生意。

大明啥都有，你們日本有啥好玩意？

永不斷更的漫畫！

這就叫作**隆慶開關**。

通商相對自由了，中國人開心，外國人也開心，倭寇自然就沒了。最重要的是，外國的白銀嘩啦啦地流到大明來了。

2. 隆慶和議

南方安穩了，我們來看看北方。老鄰居蒙古現在的頭領是個老先生——

俺答汗

老先生看上了一個姑娘，可是她跟別人有婚約了，怎麼辦？他想了個只有P2P從業人員才能想出來的辦法：把自己孫子的女朋友填過去……

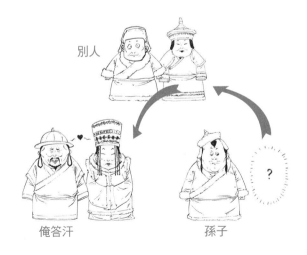

孫子懵了 ❸：爺爺一呼叫，愛情怎麼就轉移了！

年輕人火力旺，孫子拒絕做愛情的替罪羔羊，憤而離家出走。然而蒙古這麼大，放不下一個失戀的人，你猜他去了哪兒？

俺答汗慌了，明朝可是冤家，把寶貝孫子砍了怎麼辦？結果等他緊張兮兮地跑來要人時，發現孫子活得好好的，一根汗毛都沒少。

俺答汗當時就感動了，從此蒙古和明朝再也不打仗了，好好做生意。

這就是**隆慶和議**。

誰都沒料到，漢人和蒙古人叮叮咣咣打了幾百年，最後被一個孫子給終結了。**這就是愛情的力量。**

　　大概只有隆慶這樣的好好先生，才能讓明朝和南北方的鄰居們同時消停下來，全世界喜洋洋。

　　更難得的是，隆慶不光工作做得圓滿，家庭也兼顧得很好，而我們永遠無法理解這有多麼困難。

　　畢竟對於一個皇帝來說⋯⋯

　　為了整個家庭雨露均霑，他鞠躬盡瘁。於是，皇帝僅僅當了六年，隆慶就英年早逝了。

隆慶能有這麼多成就，跟他的性格有很大的關係。正是因為性格溫和，他才會聽取大臣們的建議。

比如不殺掉俺答汗的孫子，而是厚待他，這個建議就是**內閣大臣**們提出來的。

你們帶他去哪聽海哭的聲音？

後海。

那麼什麼叫**內閣**？

自從朱元璋把宰相一職取消後，皇帝就要親自處理很多事情。但不是每個皇帝都像朱元璋那麼精力充沛，因此從**朱棣**開始，皇帝就把幾個有能力的大臣集合在一起，專門幫自己出謀畫策。

這個老祕書天團，就叫**內閣**。

老祕書也有級別，其中的大祕書就叫**首輔**。

首輔跟**宰相**一樣，都是皇帝身邊最有才幹的人。不同的是，首輔只能在旁邊給皇帝提建議，沒有拍板決策的權力。

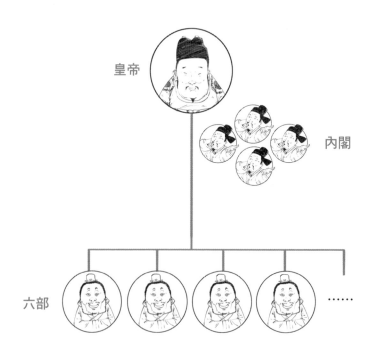

　　首輔這個位置，一般都是內閣大臣輪流頂上。**隆慶**時期的首輔名叫**高拱**，而在隆慶去世後，高拱也下了台。

這個時候，有兩個人同時到達了人生的巔峰：

一個是新任首輔**張居正**。

而另一個，就是新任皇帝明神宗**朱翊鈞**，也就是——

萬曆皇帝

萬曆是明朝在位時間最長的皇帝，長達四十八年。

他這四十八年一點兒沒浪費，從躊躇滿志，到遭遇叛變和侵略，再到消極怠工，幾乎把所有前任皇帝的流程都經歷了一遍，沒愧對**萬曆**的年號。

唯一沒經歷過的可能就是綁架。很大可能是因為他太胖了，費繩子。

為了更清晰地瞭解萬曆，我們可以把他的職業生涯分為兩部分：

蒸蒸日上
的前十年

和其他……

萬曆皇帝的前十年，新皇上位的三把烈火熊熊燃燒，滿是治國的決心。

更重要的是，張居正這裡還有三把火。

張居正作為內閣首輔，雖然沒有實權，但因為他太有才了，皇帝什麼都聽他的，一上來就讓他大刀闊斧地改革，**政治、軍事**和**經濟**各個方面都改。

這些改革叫作**萬曆新政**。

其中最著名的改革是關於稅收的。以前稅收很亂，有大米、布匹等各種稅種，官員經常從中徇私。張居正推行了一項政策，把這些亂七八糟的名目統統折成白銀，簡化稅種，減少了官員撈油水的機會，直接增加了國家收入。

這就是著名的**一條鞭法**。

萬曆皇帝和張居正，君臣一心，勵精圖治，把國家建設得有模有樣，這一時期被稱為**萬曆中興**。

張居正全力改革，連父親過世都沒有回家守孝。政敵因此攻擊他不守孝道，想趕他下台，最後萬曆親自出面，把這件事壓了下去。

朱總，我爹沒了，你說我要不要請假回趟老家？

你現在回去就是給我添亂！

　　張居正五十八歲的時候去世了，那一年，正好是**萬曆十年**。然後萬曆皇帝進入了職業生涯的第二階段。

　　沒了大祕書，又跟群臣意見不合，萬曆皇帝忽然就對上班失去了興趣，經常無故曠工。慢慢地，他最匪夷所思的行為出現了：

　　不上朝，二十多年不上朝。
　　大臣們二十多年見不著皇帝，國家大事無人決斷，送上去的奏折如石沉大海，所有人都只能乾瞪眼。

這大概是種什麼體驗呢？大家十年寒窗，終成國家砥柱，結果抬頭一看，天花板沒了。

而這段時間，明朝都發生了什麼呢？

光打仗，就打了三場。

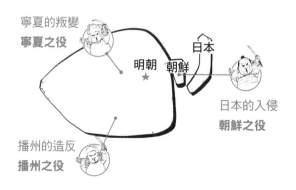

　　場場都是硬仗，其中最要命的，還是日本人。而且這次來的不是倭寇這種邊角料了，是很正規的軍隊。

　　萬曆年間，隔壁日本的戰國時代剛剛結束，一個叫**豐臣秀吉**的小矮子統一了全國。

　　豐臣秀吉手下兄弟多，打了天下總要給點賞賜，可日本就這麼一畝三分地，實在沒什麼好賞的。

　　兄弟們沒好處可是要鬧事的。於是豐臣秀吉想了個好辦法。

　　這個好辦法就是**征服明朝**。大家一心對外，就不會在國內找事了。萬一成功了……想想都有點小激動！

從日本去明朝，首先要經過朝鮮。這種揩油的事情朝鮮當然不同意，十分果斷地拒絕了日本的這個請求。

然後朝鮮就被日本打了。

　　明朝一看，萬年小弟讓人揍了，很不爽，於是派兵到朝鮮，跟日本打了起來。

　　這麼多危機大事，件件拿出來都要命，皇帝還不上班，這不是要完的節奏嗎？

　　你們小看了萬曆這個極聰明而且有城府的男孩了。他只是沒打卡，不是不幹活。雖然大多數奏折送上去都打了水漂，但那些特別重要的項目，他還是拎得清的。

朱總說了，都是鄰居，下手輕點。

萬曆皇帝就在後宮，靠太監們來回傳遞奏折，遙控了這三大戰役，最後全部勝利。這就是**萬曆三大征**。

跟日本的仗打得很艱難，最後取得勝利很大程度上是因為豐臣秀吉忽然病死了，日軍只能從朝鮮撤走。

說出來你可能不信，
我在宅男的發源地，被一個中國宅男耗死了。

　　然而一個皇帝治理國家，夠聰明、有城府，這些都不夠，還得有錢。

　　三大戰役打著打著，國家就沒錢了。沒錢怎麼辦？收稅。

　　當時的大明朝，該收的稅已經收了，於是萬曆讓太監們到全國各地去**監督稅收**和**開礦**，把本來就被榨乾的老百姓，再生生刮出一層油來。

我，太監，打錢！

　　這就是萬曆年間最臭名昭著的**礦監稅使**。

　　三大征基本耗盡國庫，民眾又因被極盡搜刮，怨氣沸騰。儘管此前的明朝也有很多問題，但這大概才是明朝真正衰敗的開始。

有張居正的助攻，有三大征的勝利，想曠的工曠了，想收的稅也收了，對於萬曆個人來說，職業生涯還是挺順的。

公元**1620**年，他**差點**就可以帶著滿意的微笑走完人生。為何說差點呢？因為就在前一年，公元**1619**年，一場戰爭讓萬曆皇帝笑不出來了。

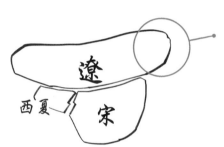

大家應該還記得，在我們今天的東北，宋朝時有個**女真族**，他們建了個國家叫**金**。後來他們參與**宋金蒙古大混戰**，被蒙古和大宋聯手幹沒了。

　　金國沒了，但女真族還在。他們一部分仍然留在東北，一直到明朝。

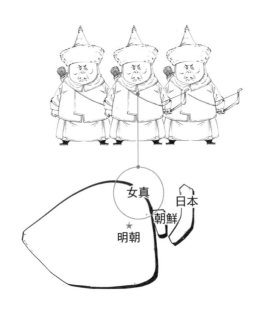

　　女真族有很多部落，各自為政，其中有些是明朝藩屬。但因為他們居於東北苦寒之地，明朝一直拿他們當蠻夷，沒有真愛，對他們有的扶持，有的打壓，目的就是不讓任何一個部落強大起來。

就在萬曆剛打完仗，一心搜刮稅收的時候，東北正在發生一場巨變。

女真有個部落叫**愛新覺羅**，他們的首領就是大名鼎鼎的——

愛新覺羅‧努爾哈赤。

努爾哈赤**幾乎**把所有的女真部落都吞併了，這支「散裝」的女真從此又變成一個國家，史稱**後金**。

咋的，非得叫金啊？
東北銀給你喊貶值了唄？

愛新覺羅是女真最厲害的部落，屬於明朝常年打壓的對象。如今後金稱霸東北，下一步就是要來明朝報仇了。

萬曆很不爽，跟後金在遼寧撫順附近的一個叫薩爾滸的地方幹了一仗。這就是**薩爾滸之戰**。

明朝慘敗。東北那旮旯從此徹底脫離明朝。

關於努爾哈赤和明朝的恩怨，我們將在後面的**大清帝國**中詳細掰扯。

萬曆基本順風順水的職業生涯，在最後關頭，晚節不保。然而努爾哈赤給明朝帶來的，不僅僅是皇帝個人履歷上的缺憾。

大明朝根本想不到，這樣一個幾乎沒用正眼瞧過的蠻夷之地，就要令中原變天。

這段歷史告訴我們：不要隨便相信東北人。你以為是你瞅了他，他才會打你，但其實——

你不瞅他，他照樣打你。

他就是想打你。

一、大明王朝

4. 站在王朝終點的三個苦命皇帝

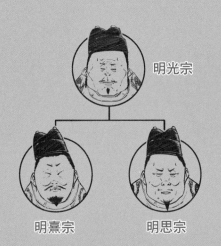

明光宗

明熹宗　　　明思宗

在中國歷史中，大凡重要的朝代，都有一個網紅皇帝。他們活出了大寫的任性，一生充滿爭議，被大家津津樂道。

　　但他們很快就會為這份瀟灑付出代價──王朝的衰落緊接而來。

　　唐玄宗如此，**宋徽宗**如此，**萬曆**皇帝也沒躲過。

隆慶時期的明朝，內部政治寬厚仁慈，外部環境安定平和，然而過了四十八年，到了萬曆時期的尾聲，明朝就全變了。 明朝從此進入尾聲，**內憂外患**接踵而至。

　　我們先說**外患**。明朝從來不缺「國際關懷」，好不容易**蒙古**和**日本**都消停了，一個叫**「後金」**的寶寶又歡快地走來了。

薩爾滸之戰後，山海關以外幾乎全歸了後金。努爾哈赤嘗到了甜頭，沒事就跑來邊界上打個卡，騷擾明朝。

東北這個強大的威脅，一直壓迫著明朝，這就是明末的基本局勢。

接著我們詳細說說**內憂**。

萬曆之後，明朝剩下的皇帝不多了。他們就是：

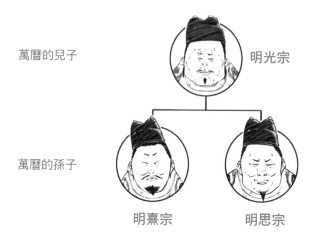

萬曆的兒子　　　　　　　　　　　　　明光宗

萬曆的孫子

明熹宗　　　　　明思宗

大概好日子都被萬曆過完了，剩下這三個皇帝，怎麼說呢，都是苦命的娃。

明光宗朱常洛，苦得那叫一個首當其衝。

　　萬曆本來不喜歡他，完全因為他是長子，才勉強傳位給他。因為這段尷尬的經歷，朱常洛一輩子都在被宮鬥。

　　朱常洛還是太子的時候，就被一個盲流衝進宮裡但別人行刺用的都是管制刀具，這位朋友不知道什麼想法，拎著根棒子就闖進來了。

　　所幸朱常洛沒有受傷，盲流也被捉住砍了。等到他好不容易登基當上皇帝，不到一個月就生了場病。這時他聽說有人進貢仙藥，就非要吃，攔都攔不住。

　　然後他吃完就駕崩了，年僅三十八歲。

你們沒看錯，朱常洛當了二十年太子，結果剛轉正一個月，人就沒了。「充電兩小時，開機就黑屏」說的就是他。

以上兩件事情，就是明末三大疑案中的**挺擊案和紅丸案**。

光宗有七個兒子，只活下來兩個，這哥倆就成了明朝最後兩個皇帝。

他們就是大娃**朱由校**，以及五娃**朱由檢**。

這哥倆到底有多苦呢？大家來品一下，仔細品——

有沒有品出一種「雙皇連」的味道？

哥哥**朱由校**就是**明熹宗**，他這一輩子專業極不對口。身為皇帝，他的人生理想卻是當木匠。

說出來你可能不信，朱由校作為一個皇帝，這一奇葩的愛好讓後世不少人懷疑他是個文盲。這當然是不可能的，皇家的規矩擺在那呢。不過他爺爺萬曆光顧著宅家，爹爹光宗差點挨棒子，他們都沒心思反對他的愛好。

而他不知道哪裡來的天賦，做起木工來技藝極其高超，還發明過很多精巧的裝置。

他幾乎把所有的時間都花在了做木工上。那國家大事怎麼辦呢？

　　明朝皇帝不擔心這種問題，因為他們不急，自有太監會急。

　　他就是明朝知名太監**魏忠賢**。

魏忠賢可以說是太監中勵志的典範。他曾經是個社會閒散人員，有一次賭錢輸大了，心裡很鬱悶，當時就幡然醒悟，認識到賭博的危害。

但別人戒賭都是剁手，他認為這個思路不可取，因為——

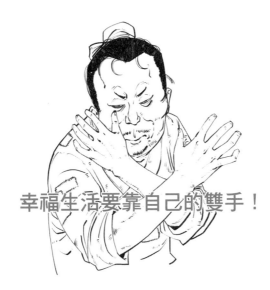

幸福生活要靠自己的雙手！

然後他自宮了。

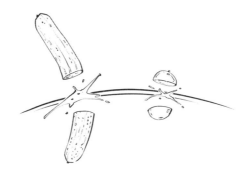

這之後他進宮成了一名太監，不但有了正經工作，而且很快就步步高昇，成為皇帝身邊的大太監。

他特別雞賊 ❸，專門在皇帝做木工的時候彙報工作，煩得皇帝說：

魏忠賢因此從一個傳話筒變成可以在朝廷裡發號施令的人，還領導著整個東廠。他從此敗壞朝綱，壞事做盡。

下面我們來認識一個女人：皇帝的奶媽**客氏**。

此女心腸歹毒，害人無數，但對魏忠賢特別好。魏忠賢步步高昇，離不開她在宮中一路助攻。

他們甚至還結成夫妻。對，你沒看錯，魏忠賢是有老婆的。

這對夫妻的特點是：感情特別純粹，孤男寡女在一塊兒只幹壞事，別的不幹。

除了魏忠賢這種奸臣，皇帝還得面對一撥刺兒頭❹知識分子，他們共同的愛好是批評朝廷。他們就是——

東林黨

江蘇有個學校叫**東林書院**，朝廷退休老幹部喜歡來講課，順便批評一下朝廷。這之後就吸引了一堆對朝廷有意見的知識分子，其中就有不少官員。這幫人就被稱為**東林黨**。

　　東林黨這麼刺兒，自然少不了要得罪其他官員。於是這些官員也集合起來，找了個靠山，就是**魏忠賢**。

　　所以魏忠賢一個太監，居然還有一幫大臣當小弟！東林黨就更加鄙視他們了，把他們稱為**閹黨**。

閹黨　　　VS　　　東林黨

　　這就是明末如火如荼的黨爭。但魏忠賢畢竟是皇帝身邊的紅人，他能一手遮天，於是東林黨人一個個都被排擠、迫害，最後幾乎都被趕出了朝廷。

魏忠賢對朝廷的無腦操控令人髮指。下面舉個例子：

在邊疆**山海關**附近，有個小城叫**寧遠**，這裡是抵抗後金的最前線。

有個著名的將領，在一次與後金的戰鬥中，一炮幹掉了**努爾哈赤**（也有說法是，努爾哈赤因此重傷，不久身亡）。

他就是大明最強守門員：
袁崇煥。

這一戰被稱作**寧遠大捷**，是明朝第一次打贏後金。這麼大的功勞，在魏忠賢的操控下，朝廷重賞了他的黨羽，而袁崇煥只得到了最低級的陽光普照獎。氣不氣？

朱由校就在這種腐敗不堪、烏煙瘴氣的環境中專心致志地做了七年木匠，跟木頭培養出了深厚的感情。

　　他削木頭，木頭也削他——有一次朱由校在船上，船翻了，他掉到河裡受了驚嚇，不久就掛了。

　　然後弟弟**朱由檢**繼位，這就是**明思宗**，也就是明朝末代皇帝——

崇禎皇帝

整個大明王朝最苦的皇帝登場了。

朱由檢跟他哥哥不一樣。
首先，他讀過書，有文化；其
次，他有志向，厲行節儉，勤
於政事，一心想要重整河山；
最後，他也有魄力——

他早就對魏忠賢不滿了，所以一即位就把這個禍害給治了。

就在錦衣衛要來逮捕魏忠賢的時候，魏忠賢知道自己徹底涼了，跟一個死黨喝了一晚上的酒，然後一起上吊自殺了。

大哥小心，別摔跤。

同時，客氏也被揪出來活活打死。

　　但是很遺憾，大明王朝已經不是有一兩個毒瘤的問題，它整個都爛掉了。

　　崇禎滿腔抱負，但他不是天才，治國和用人能力都平平，成事不足，甚至還敗事有餘。

比如他雖然搞掉了魏忠賢，但一碰到戰事吃緊，居然繼續重用太監，去監軍參與打仗。

再比如他疑心病重，重要崗位的大臣換了又換，民怨一直得不到解決，耽誤朝政。
他還在後金兵臨城下之際，因為一招簡簡單單的反間計，就親手殺掉了自己最重要的依靠——大將**袁崇煥**。

劇情走到這裡，基本就爛尾了。劇情一爛尾，有人就要跑出來強行劇終。

　　他就是老天爺。

　　明朝末年氣候反常，被稱為**小冰河時期**，崇禎即位以來，旱災、蝗災、瘟疫就沒斷過。

　　大凡碰到這種情況，王朝基本就是氣數已盡了。因為農民忍不了。

中國歷史這台大戲，農民永遠是最辛苦、最沒沒無聞的幕後人員。一旦他們集體亮相，就意味著一個王朝要謝幕了。

　　陝西有個農民叫**王二**，他扯起大旗，奏響了大明王朝的片尾曲。

　　這一嗓子把整個陝西震出來好幾支起義部隊。而明朝軍隊一面應付後金，一面應付起義，據說連工資都發不上了，毫無還手之力。

其中有一支部隊很有名，領袖叫**高迎祥**，號稱**闖王**。

結果還沒等混子哥畫完，他就犧牲了，然後有人接替他成為新的領袖。

他就是**闖王2.0──李自成**。

李自成不像其他起義軍光知道打砸搶燒，他有政治頭腦，打到哪裡就開倉放糧，群眾基礎槓槓的 ❺ 。

　　這種智慧使他成為起義軍中最優秀的一支，證據就是──最終是李自成攻進了紫禁城。

　　可憐崇禎皇帝，苦苦支撐著大明的末局，不可謂不嘔心瀝血，然而歷史並不會施捨半點憐憫，只是冷冷地對他平庸的才能給予回應。

　　朱氏王朝終於走入了窮途末路。

　　朱由檢認了，昨日平地高樓的輝煌，今天大廈將傾的悲愴，都是這個王朝應得的。一切就像精密計算過，一點也不多，一點也不少，而他只是恰好站在了終點。

　　他絕望地來到宮中一座叫作**煤山**的人工山上，找了棵歪脖子樹，上吊自殺了。

　　大明王朝歷經兩百七十六年，就此滅亡。

據說崇禎死前留下一張字條，上面寫著：

不要傷害我的百姓。

明朝的許多不堪，如今都成了笑談，它仍然是中國最轟轟烈烈的時代之一。從**朱棣**遷都北京，到**朱由檢**自掛煤山，這一頭一尾的皇帝給大明王朝留下了著名的總結陳詞：

天子守國門，
君王死社稷。

然而故事還在繼續。

李自成把皇帝給拽了下來，但明朝的軍隊還沒垮，其中一支重兵就在**山海關**，總兵叫**吳三桂**。

　　吳三桂正在邊疆防著**大清**（後金此時已改名大清），忽然聽到皇帝沒了，感覺人生索然無味，於是計畫回北京投降李自成。

　　就在這個時候，他聽說自己留在北京的女朋友被李自成的人給搶了。當時的情況差不多是這樣的：

他的女朋友就是當時驚艷世人的女歌手**陳圓圓**。吳三桂氣得腦袋頂上冒青煙，因為他很清楚，娛樂圈的人在北京被抓是撈不出來的，於是當即決定不投降了。

不但不投降，他還作了個驚天動地的決定：

他打開山海關，把大清軍隊請了進來，一塊去北京打李自成。

這就是著名的典故：**衝冠一怒為紅顏**。它帶給中華民族一個深刻的教訓：

愛她，就把她帶在身邊，異地戀的後果你承擔不起。

大清在山海關前耗了幾十年，死活進不來，忽然城門大開，天上掉下來一張邀請函，高興得鼻涕冒泡。

於是大清打著幫大明皇帝報仇的旗號，**蹦蹦跳跳地來到了北京**，把李自成趕跑了。

李自成畢竟窮苦出身，一到皇宮看見金銀美女，立刻洩了氣，忙不迭地宣布登基，建了個朝代叫**大順**。

清軍一來，他就逃出了紫禁城，從此一路兵敗輾轉，最後戰死在湖北的**九宮山**。

但凡一個智商正常的人，都不會相信大清是來給明朝報仇的。

畢竟紫禁城這麼漂亮，誰會想走呢？

一、大明王朝

5. 番外篇

——關於鄭和下西洋，
教科書還有很多沒有說！

　　鄭和下西洋這事，大家上學的時候都學過。但大概也就是知道有這麼回事，再往深一點問的話──

沒關係，作為填坑愛好者，混子哥接下來就來跟大家聊一聊教科書裡沒怎麼講過的：

鄭和下西洋

一、為什麼是鄭和？

作為一個宦官，鄭和與歷史上的其他同行不太一樣，他的技能點在一個很牛的領域：**打仗**。

所以，在他當上燕王朱棣的馬仔之後，很快就捲入老朱的家族鬥爭——靖難之役。

大侄子，
叔叔來看你了！

最終，朱棣當上了皇帝，就是明成祖。而鄭和因為立過戰功，就變成了明成祖的「死黨」，有什麼好事，皇帝都會第一個想到他。

我這兒有個出國考察的名額，你考慮一下？

選鄭和去還有一個原因：他懂軍事，路上遇到緊急情況可以應付。

二、說走就走的旅行

明成祖之所以想派人出國，主要是為了炫富和「吸粉」。

也就是告訴別人：我大明朝很牛，都乖乖地給我當「粉絲」，不要惹事。

而且，派人帶點國外的稀罕東西回來，自己也可以長長見識。

相信我，你將開一個代購的時代。

那麼，既然要出國，首先要解決的問題就是：

1. 走哪條路？

古代的中國人去西方做生意，一般有兩種選擇：

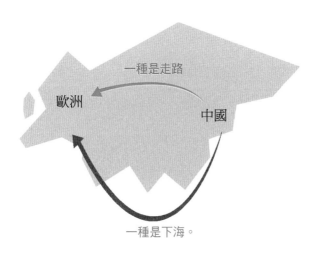

這兩條路，分別叫作**陸上絲綢之路**和**海上絲綢之路**。

　　在唐朝以前，大家更喜歡陸上絲綢之路，歷史悠久，還有名人代言。

　　但是安史之亂後，西北地區不再受中央控制。等到了宋朝，那裡甚至變成了西夏、回鶻人的地盤。

陸路不通，宋朝人想做生意就只有走海上這條路了。

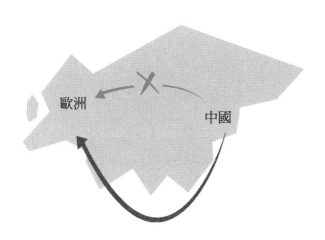

因此，從宋朝開始，海上貿易變得越來越重要。

　　歷經北宋、南宋、元朝，一代代商人讓**海上絲綢之路**逐漸繁榮起來。於是海上絲綢之路便成為明朝人出國的首選航線。

海上貿易在宋朝以前也有，但到了宋朝它才開始在經濟中逐漸占據主體地位。

那麼問題又來了：下海這麼危險的事，明朝人為何說幹就幹？而且一次不過癮，還得下七次。

就是，想許願也不能拿命換啊！

2. 明朝人憑什麼敢下海？

明朝人之所以敢多次下海，原因很簡單：**船好！**

能造出好船，離不開前輩們的辛苦鑽研。正是一代代人的努力，才使得造船技術一次次地**進步**。

（1）槳和櫓

槳誕生的時間比較早，它是小船前進的動力來源。

但是有個問題——

有沒有辦法能讓一個人也划得動大一點的船呢？

人們發現，在划船的時候，槳不是任何時候都能發揮作用：

槳在水裡是起作用的；但划出水之後就不起作用了，很浪費。

於是在西漢時期，人們在槳的基礎上作了改進，發明了一種裝置：

櫓

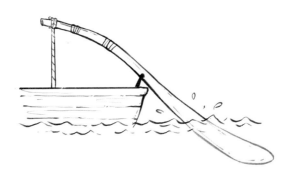

櫓葉比槳更寬，放置在船尾，人透過繩子來調整方向，並帶動水中的櫓葉左右搖擺，給船提供向前的動力。

這個過程叫作搖櫓。

而且，櫓全程都在水裡工作，動力比槳大得多，一個人能頂三個人的活。

　　因此，櫓逐漸受到追捧。人們經常靠它前往那些靠槳無法到達的地方。

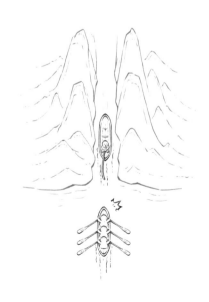

櫓的出現節省了人力，擴大了人在水上的活動區域。這是人類在**動力裝置**上的一次**進步**。

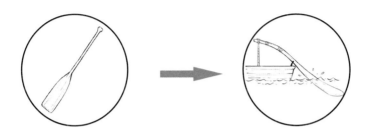

而櫓在工匠們的手中也在不斷升級換代。鄭和下西洋的時候用的就是櫓的最新版本：**旋轉櫓**。據說有點類似螺旋槳。

（2）舵

舵的靈感依然來源於槳。因為一開始，槳也用於調整船的前進方向。

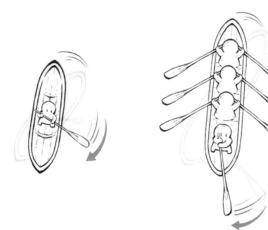

駕駛小船時，在船側
划槳改變方向。

駕駛大船時，在船尾
划槳改變方向。

一般的船倒沒什麼，但如果是出海的大船，這麼整不太安全……

救命！

於是人們根據槳的原理，繼續改進，在東漢時期發明了**舵**。

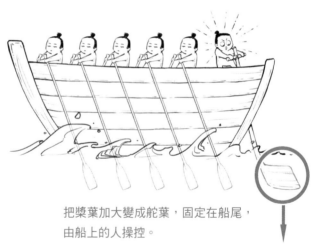

把槳葉加大變成舵葉，固定在船尾，
由船上的人操控。

　　但在最開始，舵葉全部在舵桿的一側，
要讓它在水裡轉起來，很費勁。

這當然難不倒聰明的勞動人民。在宋朝，工匠們對舵進行了升級改進，按照功能分成了幾種。

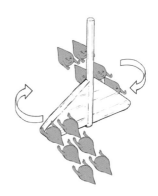

　　一種叫**平衡舵**，舵葉在舵桿的兩側，轉動起來就輕鬆很多；

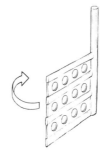

　　一種叫**開孔舵**，舵面上有很多小孔，轉動時可以減少水的阻力；

　　還有一種叫**升降舵**，可以根據水位深淺調節舵的高度。

　　從槳到舵，再到各種類型的舵，這是人類在**轉向裝置**上的一次**進步**。

（3）帆

風，是工業時代之前遠洋航行的動力之一。

人類憑藉自身的智慧，發現可以利用不同方向的風推動船前行。

於是，就有了帆。

帆的原理，就是根據風吹來的方向調整角度，將風力分解之後，利用產生的向前的力，來推動船。

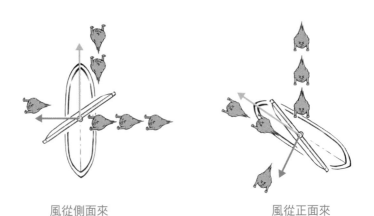

風從側面來　　　　　　　　　　　　　　風從正面來

為了讓帆能頂住風的摧殘，提供更強動力，古代中國人在製帆的工藝上也費了不少勁。

最後，人們發明了**硬帆**。

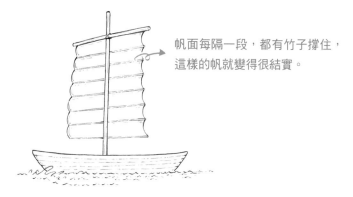

帆面每隔一段，都有竹子撐住，這樣的帆就變得很結實。

有了硬帆，船在下海的時候，就更有底氣了！

來啊，互相傷害啊！

這是人類在**風力利用裝置**上的一次技術**進步**。

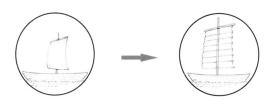

（4）水密隔艙

雖然前面講的幾項技術都很牛，但有個很重要的問題沒有解決。

船要是漏水怎麼辦？

如何才能讓船更安全呢？
唐朝人想了一個辦法：

這就叫**水密隔艙**。

以前的船，只要有一個地方漏水，水就會流遍所有地方，船裡的人很快就死翹翹了。

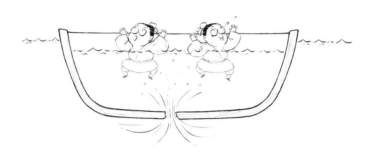

現在，一個艙漏水，水不會再流進其他艙。靠著其他艙的浮力，船該怎麼走怎麼走，只需要補一下漏水的地方就行了。

水密隔艙的設計，讓船漏水不再成為航行的致命危險，船也可以跑得更遠。這是人類在**航海安全**方面的一次重大**進步**。

　　除了上面這些，還有很多其他技術的發明，比如指南針。總之，在一代代工匠的鑽研和改進下，古代中國人的造船技術越來越先進，這才有了明朝的鄭和下西洋。

說點啥呢，感謝前輩吧！

不要小看每個方面的技術進步，它們給古代航海事業帶來的推動都是非常巨大的。

三、下西洋

鄭和前前後後一共七次下西洋，這裡我們不詳細展開，只是總結性地講一下。

鄭和第一、二、三次下西洋

前三次的範圍比較小，主要集中在東南亞和南亞，比如越南、泰國、印尼、斯里蘭卡……

每去一個國家，鄭和就跟那裡的國王「加好友」建立聯繫。光這樣還不過癮，還要發紅包收小弟。

有時候，還要處理一些特殊情況。故事是這樣的：

斯里蘭卡有個貪財的國王，想把鄭和騙進皇宮，再圍攻他的船隊。結果鄭和帶人闖進宮裡，把國王全家一鍋端了。

後來國王被帶回大明，明成祖免了他的罪，然後下詔讓他們國家重選國王。

鄭和第四、五、六次下西洋

這三次遠航，除了之前幾個收小弟的地方，船隊又更進一步，去了西亞和非洲東部。

這幾次的影響力更大。船隊路過的國家，不僅派使者跟著鄭和回大明拜碼頭，還送上了自己國家的稀罕玩意兒。

老鐵，你們中國傳說中的麒麟，我們這兒就有。

而且天生自帶仙氣，令人仰望！

果然是仰望。

非洲一個國家進貢的長頸鹿，明朝人沒見過，管牠叫**麒麟**。

鄭和第七次下西洋

最後一次，鄭和的船隊走得更遠，到達了非洲南部。

據說也是在這一次的途中，鄭和去世了。

雖然鄭和下西洋這事挺燒錢，但不管怎麼說，它是中國古代航海史的巔峰，也是中國大航海時代的標誌。

它代表的，其實是一種進步的精神。七次出航，一次比一次走得遠，每一次都更進一步。

　　而它背後蘊含的，也是一代代、一次次、一層層的進步。

　　是工具的進步，推動了技術的進步，才有了大航海時代的進步。

　　好了，鄭和的故事就說到這兒吧。

二、大清帝國
1. 走出東北的女真人

　　在很久很久以前，天上還沒有實行航空管制，在我國東北的上空，有三位仙女在自由地飛翔。

　　她們飛到長白山附近，發現了一汪湖水。也許全世界的仙女都見不得地面上有湖水，於是她們下來洗了個澡。

　　這時飛來一隻沒羞沒臊的神鳥，叼來一個神奇的果子。

其中一位仙女看到果子，把它吃掉了，然後立刻生下一個男孩。

仙女大概覺得這事特別不科學，回天上沒法解釋，於是她給男孩指了個方向，就自己上天了。

男孩一路走去，遇到了一些人，解決了一些事，然後他成為一個部落的首領，帶領部落不斷發展壯大。

仙女給這個男孩取名**愛新覺羅・布庫里雍順**。這就是**愛新覺羅**家族的起源：一位單身女性，只靠自己就生下了一個皇族。這個故事讓我們理解了東北人的強大——

沒有什麼事是在澡堂裡解決不了的，如果有——

那就再加個果盤。

　　愛新覺羅是**女真族**的一個家族。女真族最早就生活在我們現在的東北地區。

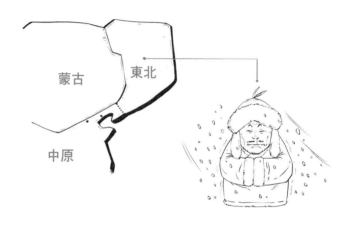

　　生於苦寒之地的人，心中永遠嚮往溫暖。哪裡比較溫暖呢？南方，我們的中原就很溫暖。女真族從未停止過向南遷移。

　　到了**宋朝**，女真族裡冒出了一個完顏家族，他們建立了強大的**金國**，衝出了東北。

　　但湊巧的是，他們剛剛衝出東北——

脫掉脫掉，外套脫……哎，大叔，你誰？

就碰上了也在衝出蒙古的蒙古人。

宋朝時期，發源於女真人的金國崛起，但金國剛剛幹掉了老大哥契丹，就被稍晚但是更加迅猛崛起的蒙古帝國包了圓 **❶**。具體情節可以回顧《半小時漫畫中國史4》的「大宋風雲」。

女真人的第一次突圍東北行動宣告失敗。

好不容易蒙古人走了，中原又迎來了強大的**明朝**。這一次女真決定韜光養晦，先拜明朝作大哥。

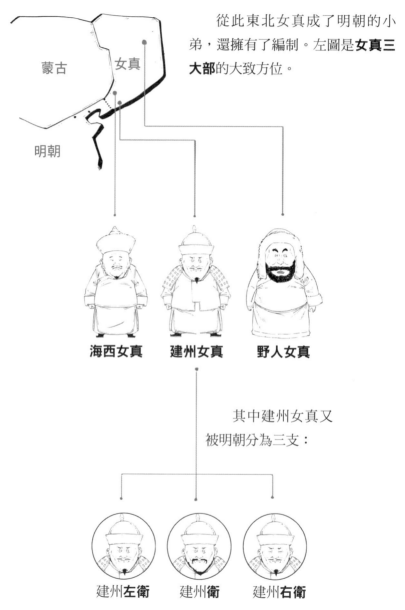

從此東北女真成了明朝的小弟，還擁有了編制。左圖是**女真三大部**的大致方位。

蒙古　女真

明朝

海西女真　**建州女真**　**野人女真**

其中建州女真又被明朝分為三支：

建州**左衛**　建州**衛**　建州**右衛**

其中建州左衛的首領就是**愛新覺羅**家族。

那時候女真內部的局勢非常複雜，部跟部之間打大仗，衛跟衛之間打小仗。明朝正是利用了這些矛盾，把他們安排得明明白白，誰都別想做大。

有一天，**建州右衛**惹了明朝大哥，於是明朝找到**建州左衛**說：

左衛的首領叫**愛新覺羅・覺昌安**，就在他帶著兒子去**右衛**勸降的時候，明朝大軍莫名其妙地打了進來。

覺昌安父子就這樣在混亂中死於烏龍。對於這事，明朝也毫無歉意，只是讓覺昌安的孫子頂上，繼續做**建州左衛**的首領。

　　這個孫子就是**愛新覺羅‧努爾哈赤**。

　　但努爾哈赤並不領情，他覺得這一定是明朝的陰謀，畢竟爺爺、老爹都被一口氣幹掉了。從此他把大明記在了小本本上，開始復仇。

爺爺一個！

親爹一個！

　　女真人往中原的第二次突圍就此開始。可是他爺爺也沒留下什麼——畢竟連他爸都帶走了，只剩幾套盔甲、幾件兵器。

　　是的，別人的爺爺去世留家產，努爾哈赤的爺爺死了掉裝備。

努哥，你爺爺這麼多年都在打怪啊？

　　努爾哈赤就靠著這幾件裝備開局，偷偷摸摸地升級。

　　他先吞併整個**建州女真**，再滅掉**海西女真**和**野人女真**。最後女真族幾乎都被統一起來了。然後他建了個國家，延續當年完顏家的國名，叫**大金**，史稱**後金**。

努爾哈赤統一女真的最後障礙，是**海西女真**中的**葉赫**部落。據說葉赫首領立下了一個詛咒：就算只剩最後一個女人，也要滅了**愛新覺羅**。這個詛咒當然很有可能是個傳說，不過日後大清的權力果然落到了一個葉赫那拉氏女人的手上，歷史就是這麼意味深長。

是時候跟大哥攤牌了。努爾哈赤寫了篇爆文叫**《七大恨》**，集齊了七個理由，誓師伐明。

當時正值明朝萬曆年間，一堆鬧心的事情讓大明焦頭爛額，等他們忙完才反應過來：

哎，大金是啥？
散裝東北哪兒去了？

然後雙方就打了一仗，叫**薩爾滸之戰**，後金大獲全勝。

既然已經攤了牌，那就要有個翻臉的樣子。努爾哈赤沒事就跑來侵犯明朝，結果在山海關碰到了袁崇煥，被一炮幹翻，然後他就帶著遺憾，傷重身亡了。

關於努爾哈赤的死因，專家還是有爭議的。這裡取其中一個說法，大家有興趣可以深究。

　　努爾哈赤一死，他兒子就接管了後金，同時也把打敗大明這個重任接了過來。

　　他這個兒子能文能武，讀書過目不忘，打仗還厲害，屬於那種「別人家的孩子」，還有一個霸氣的稱呼：

皇太極

　　但這也沒什麼用。袁崇煥在山海關「老少通吃」，努爾哈赤攻不進，皇太極也一樣攻不進。

　　於是皇太極決定不打**山海關**，他想著如果能從**蒙古**繞個路，就可以直接打北京了。

那麼問題來了，蒙古肯不肯讓路呢？

好了，沒問題了。

為了繞道，皇太極先把蒙古最強部落**察哈爾**打了一頓，就此掃清了障礙。

正當皇太極信心滿滿地衝到北京時，他崩潰了。

原來袁崇煥居然一路從山海關趕到了北京，然後跟北京的守將一起在**德勝門、廣渠門**嚴防死守。這種獨特的走位和伴娘級別的堵門意識，讓皇太極又一次空手而歸。

大哥回來了！
還順利嗎？

北京果然
名不虛傳！

三環，
一進三環，就堵得死死的。

　　雖然這一次的物理攻擊沒有取得勝利，但產生了意想不到的魔法效應：明朝並沒有讚賞袁崇煥的千里馳援，反而懷疑他私通敵人。袁崇煥平時有些傲慢專斷，皇帝對他本就忌憚，而皇太極這個時候又放出了假消息，恰好就證實了明朝的懷疑。

　　這招反間計，讓崇禎皇帝自己殺掉了袁崇煥。

要命的是，這一魔法效應還在持續發酵。所有人都能看出來，後金就像朝陽噴薄欲出，而大明已經日薄西山，於是陸續有人叛變。

比如當時的大將**耿仲明、尚可喜**，他們和之後叛變的**吳三桂**一樣，被大清朝廷封為藩王，稱為**三藩**。

　　袁崇煥沒了，大金雖然暫時還是進不了山海關，但是打敗明朝也只是時間問題。於是躊躇滿志的皇太極膨脹了，他覺得大金聽起來不夠牛，改名叫**大清**；首都定在**瀋陽**，改名叫**盛京**；自己也不叫**大汗**了，改叫**皇帝**。這意思就是告訴明朝——

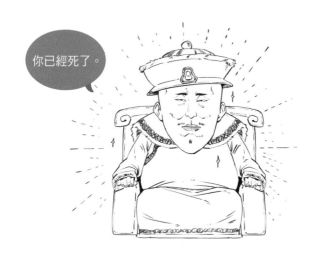

　　然後皇太極自己猝死了。

皇太極沒能滅掉明朝，但到他去世為止，山海關以外，除了一座叫**寧遠**的小城，其他地方全都歸了大清。也是這個時候，女真正式改叫**滿洲**。

關於**滿洲**這個稱呼的說法有很多，其中之一就是當年建州女真有個鼻祖級首領叫**李滿住**，以此得名。

皇太極死得太快，還沒來得及指定由誰來接盤，而當時最有資格成為新皇帝的人選有兩個：

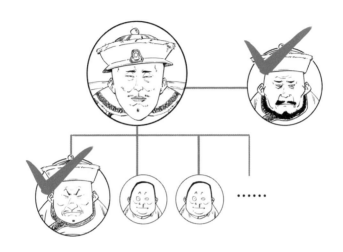

皇太極的長子**豪格**和**皇太極**的弟弟**多爾袞**。

叔侄倆一直跟著皇太極四處征戰，論功勞、論血統不相上下，眼看著就要打起來了。

最後多爾袞說，我們誰也別爭了，再找個人當皇帝吧。於是皇太極的第九個兒子繼位，他叫**愛新覺羅・福臨**。

這就是**順治皇帝**。

這時候順治才六歲，由叔叔多爾袞幫他治理國家，這就叫**多爾袞攝政**。

順治的媽媽，就是**孝莊太后**，傳言她和她小叔子**多爾袞**關係有點曖昧。但這麼八卦的事情混子哥就不多說了……

事實證明，福臨是個好名字。他一上位，什麼還沒幹呢，「福」就臨了。

大家正在考慮怎麼繼續攻打明朝時，山海關忽然城門大開，死守寧遠的**吳三桂**主動找上門來，還帶著一張請柬：北京歡迎您！

多爾袞帶著小皇帝，就這樣順順利利地進入**紫禁城**，努爾哈赤的心願終於達成了。

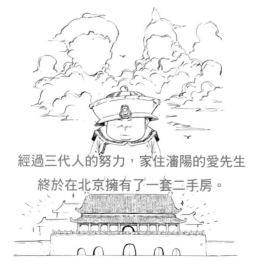

　　從此以後，大清皇帝不只是滿洲皇帝，還是整個中國的皇帝。
中國歷史的**清朝篇**，從這裡才算正式展開。

　　一個滿人當漢人的皇帝，是要受到很多抵抗的。於是多爾袞下
了一道臭名昭著的**剃髮令**：所有漢人必須在十天之內把頭髮剃成滿
人的樣子，留頭不留髮，留髮不留頭。多爾袞認為，這樣能讓所有
人徹底臣服。

只有一個人，能讓全體中國人
低下高傲的頭顱，他叫托尼 ❷。

　　但每行都有每行的規矩，多爾袞畢竟是公務員，並不懂服務業，他不知道即便是托尼老師，也有一條底線是絕對不能觸碰的。

　　這條底線叫**髮際線**。於是全中國又開始起義了。

　　但是在長期殘酷的鎮壓之下，漢人也不得不屈服——持續玩命，實在有些不值當了，於是全部剃髮。

後來多爾袞去世，順治皇帝也長大了，開始親自處理朝政。

　　順治沒有親身經歷過太多的戎馬，不像祖輩那樣強硬，他用溫和的手段治理著這樣一個多民族的國家。他不再玩命剿殺起義，而是以安撫為主，鼓勵大家恢復生產。慢慢地，漢人公務員也開始得到重用。

　　於是漢人開始歸順，國家也走上了正軌。

　　順治這樣一個溫柔的皇帝，心思比較細膩。可人的心思一細膩，思想包袱就重。他慢慢覺得治理國家實在有點累，開始向佛。在他最心愛的**董鄂妃**病死之後，他又認識了幾個和尚，差點就要剃髮出家。

愛哥，想要個啥樣的髮型？

你覺得我這個髮型還有啥造型空間嗎？

他已經把頭髮給剃掉了，但在他人的勸說下，又把頭髮蓄回來了。

　　國事家事的各種困擾，讓順治的身體不堪重負，他24歲就去世了。 如果順治能活得久一些，大概會成為一個很不錯的皇帝，但他把這個機會留給了他的兒子——**愛新覺羅‧玄燁**。

二、大清帝國

2. 康熙、雍正與乾隆

康熙

雍正

乾隆

順治皇帝雖然只活了二十四歲，但是他光兒子就有八個。

其中有個兒子叫**玄燁**，從小就特別招人喜歡，長得帥，還有志向。關鍵是他學習刻苦又聰明，只要是讀過的書，基本都能背下來。

最後因為得了天花沒死，當上了皇帝。

天花是一種傳染病，在古代感染後死亡率極高，不過一旦倖存，將會終身免疫。玄燁就是如此幸運，因此成功繼位。

哥以為當皇帝看的是品質，
誰知道最後挑的是品種。

這就是**康熙大帝**。

事實證明，康熙的品種過於優秀，以至遺傳給了兒子**雍正**和孫子**乾隆**。

爺仨組團給中國歷史帶來了又一個頂級盛世：

康雍乾盛世

我們從康熙開始講起。康熙登基時才八歲。因為年紀小，順治給他留了四個導師，叫**輔政大臣**，簡稱**F4**：

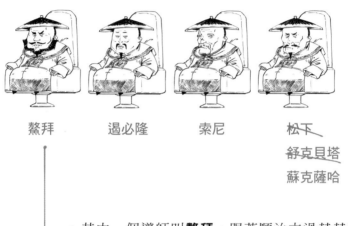

鰲拜　　　遏必隆　　　索尼　　　松下
　　　　　　　　　　　　　　　舒克貝塔
　　　　　　　　　　　　　　　蘇克薩哈

其中一個導師叫**鰲拜**，跟著順治立過赫赫戰功，因此驕傲自負，慢慢就瞧不起小康熙了，總想奪權。

然而康熙不慌不忙，還每天喊一幫小伙子陪他練功玩耍，鰲拜見了也沒懷疑。

皇上，你幹啥呢？

很明顯，做廣播體操呢。

　　結果有一天，康熙忽然一聲令下，小伙子們衝上去瞬間就制服了鰲拜，把他關了起來。

　　這時候的康熙才十四歲，就展示了什麼叫作「貧窮限制了我們的青春期」。

　　康熙小小年紀就很有智慧，長大後治理國家更是有一套。他不但讓老百姓安心搬磚，好好過日子，還努力搞建設，比如整頓河運。很快的，大清一片欣欣向榮。

除了文治，康熙的武功更牛。

1. 平三藩

當年明朝有三個降將，敢於直視慘淡的新髮型，毅然跳槽，幫助大清奪得了天下。於是大清把**福建、廣東**和**雲南**三個地方交給他們，封他們為藩王，這就是**三藩**。

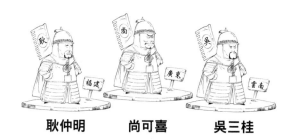

耿仲明　　尚可喜　　吳三桂

然而這三個地方都比較熱，人容易膨脹。康熙決定撤了他們的藩。

吳三桂帶頭不服：哥剛把你們請進來，怎麼就不要我了？

你們看！我長得像不像一個邀請碼？

於是吳三桂聯合大家一起造反，這就是**三藩之亂**。

雖然此時**耿仲明**已經去世，**尚可喜**不想造反，但他們的後代受不了撤藩，所以三藩之亂實際指的是**吳三桂、耿精忠、尚之信**。

本來大家就對新來的大清一肚子牢騷，這一下正好跟著吳三桂起哄，最厲害的時候，半個中國都在鬧騰。

然而吳三桂打著打著，就發現事情沒這麼簡單。

康熙這個心機男孩對造反的藩王們說：

然後三藩投降了兩藩，只剩下吳三桂一家還在死扛。

扛了幾年，最後吳家在他孫子**吳世璠**手上被徹底幹掉了，三藩就此覆滅。

吳三桂的故事證實了一個宇宙真理：造反這種事情，千萬不要一個人單幹，因為**單反窮三代**。

2. 統一台灣

明朝時，福建有個叫**鄭芝龍**的大海盜被政府給招了安，從此一家人效忠明朝。結果沒多久大清就打了進來。

鄭芝龍有個兒子困惑了：當初就嫌海盜工作不穩定才當的公務員——

他實在咽不下這口氣，於是帶著小弟跟大清叫板。他就是**鄭成功**。

　　結果他沒成功。沒辦法，他只能找個地方另立門戶。然而大陸是沒戲了，於是他們望向了一海之隔的**台灣**。

　　台灣與中原隔著海，明朝管得比較鬆，後來來了一幫愛航海的**荷蘭人**，住下就賴著不走了。鄭成功順手把他們打跑後，在台灣住了下來。

從此台灣不認大清，只認鄭家。

怎麼沒點覺悟呢，中國人就要整整齊齊嘛！於是康熙決定必須收復台灣，別人說啥都不好使。

鄭成功有個小弟叫**施琅**，他跟大哥鬧了點矛盾，跳槽來到大清。他對台灣很熟悉，於是康熙就派他去收復台灣。

給我開炮！
人家康師傅都說統一好！

台灣就這麼統一了。

康熙收復台灣的時候，鄭成功已經去世，他的孫子**鄭克塽**投降了清朝。所以現在你信了嗎？**單反，是真的會窮三代。**

3. 《尼布楚條約》

台灣問題剛解決，戰鬥民族**俄國**又來了。

俄國在歐洲，跟大清隔了一個巨大巨冷的**西伯利亞**。本來大家八竿子打不著，可是他們這時候也剛剛崛起，到處搶地盤，派了一支彪悍的部隊往西伯利亞蹭。

俄國蹭啊蹭，就搶了一個叫**雅克薩**的城市，可雅克薩在當時是屬於大清的。

兩個同樣年輕強大的帝國就此開打，這就是**雅克薩之戰**。

不過康熙忙得很，雖然打仗占了上風，但他實在沒心思糾纏，於是乾脆大家一起坐下來，把最想對彼此說的話都寫在協議裡，這就是著名的——

布楚
尼揍物條約

在《**尼布楚條約**》裡，大清把最北邊一部分的土地送給了俄國，從此大家相安無事。那一塊地太冷，種地、生活都不方便，所以當時的大清同意用它來換取和平。

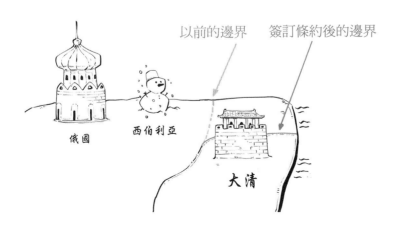

以前的邊界　簽訂條約後的邊界

俄國　　西伯利亞　　　　大清

《**尼布楚條約**》為何這麼重要呢？

中國以前跟周邊的藩屬國簽協議，雖然總是賠錢，但那都是大哥對小弟的承諾，在氣勢這一塊拿捏得死死的，沒輸過，這是屬於舊時代的帝國範兒。

而《**尼布楚條約**》是大哥和大哥之間平等的約定，並且條約裡中國第一次使用「**中國**」來稱呼自己。這一條約的簽訂代表著大清正在進入全新的國際時代。

　　一般來說，任何一個皇帝幹完上面這些事，都夠吹一輩子牛了。然而這些都是防守層面的事，康熙這麼大的帝，可不是用來看家護院的，開疆拓土才是他的主業。不過這事我們稍後再提，繼續說皇帝家裡的事。

　　康熙為了挑選最合適的下一任，他深刻貫徹了他爹的套路：

跑量

　　他不辭辛勞，生了五十多個娃，其中三十五個是兒子，生生把皇帝幹成了勞動密集型行業。他之所以沒有繼續生，完全是因為他向天再借五百年，上天沒借。

每個老父親都希望兒子們兄弟同心，而康熙真正做到了這點：至少有九個兒子都在為同一個夢想而奮鬥。

皇位大戰非常激烈，史稱步步驚心**九子奪嫡**。最終性格沉穩且又實幹的四阿哥**胤禛**勝出。

他就是**雍正皇帝**。

雍正皇帝剛得很，對貪腐的態度尤其強硬。他大力改革，用嚴厲甚至是嚴酷的手段治理大清，但這也帶來了清正的風氣，大清進一步繁榮起來。

等到雍正老了之後，他也有了一堆兒子。但他覺得自己當年爭太子太鬧心，於是祕密地先把太子定了，然後把名字藏在**乾清宮**高高的牌匾後面。

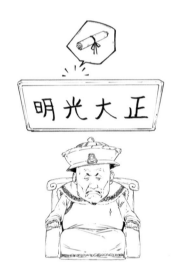

讓人等到自己駕崩了，再取出來公開。誰也別爭，爭也沒用。

不得了呀，這才清朝，就用上雲端儲存了。

就這樣，皇位順順利利地傳到了兒子**弘曆**手中。

他就是**乾隆皇帝**。

所有中國人都熟悉乾隆，不過你要問他這輩子到底幹了啥——

在大家心目中，乾隆不是一個皇帝，他是純愛的化身，是沒有感情的戀愛機器。不管宮裡宮外、東西南北，也不管是別人女朋友還是自己親閨女，他的對象覆蓋全國各大風景區，四海八荒，六親不認。

最厲害的是，他在各地開展流竄式戀愛，卻沒有一個女人能留住他，真正把游擊戰的思想融入了實際生活當中。

他光談個戀愛，就養活了中國半個娛樂圈。這裡我們必須對乾隆皇帝說一聲：

　　不過我們不是來聊八卦的。乾隆年間，中國的疆域大得讓人懷疑人生，在歷史上僅次於蒙古帝國的版圖，所以人家不光搞了對象，還順便幹了很多正經事。

　　首先，乾隆**智商高**，文武雙全，有理想，有抱負。其次，他**情商高**，深諳管理的至高智慧，剛柔並濟、軟硬兼施，把大臣們玩得服服貼貼。

　　最後，他在治理國家方面也很優秀。他努力想辦法解決糧食問題，讓百姓能吃飽飯；還整頓軍隊，提高士氣。

乾隆年間，人口激增，國庫充盈，大清進入鼎盛時期。

然而乾隆臭美地自稱**十全老人**，可不只是因為家裡米多，更重要的是**領土廣**。

但這事我們不能單獨說乾隆，應該把**康熙、雍正**拉進來一塊介紹。

趕快，
等半天了！

我們先來看看**清朝**到底對領土做了什麼。

明朝本來挺大，但**末期**國力衰弱，很多地方已經不服管了，所以能實際控制的地盤就是**中原和江南**這些老地方，大概**300萬平方公里**。

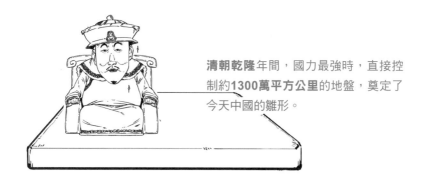

清朝乾隆年間，國力最強時，直接控制約**1300萬平方公里**的地盤，奠定了今天中國的雛形。

所以本章真正的重點現在才開始：

大清這麼大，都是怎麼來的呢？

我們再來看看清朝最大的時候長怎樣（概略圖，並不精確）：

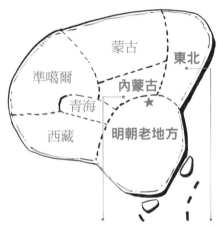

蒙古

東北

準噶爾

內蒙古

★

青海

西藏

明朝老地方

內蒙古是上一章皇太極
打北京的時候順手拿下的；

東北不用說，愛新
覺羅自家場子。

除此之外的其他地盤，都是**康熙、雍正、乾隆**爺仨打下來的。

這個故事非常複雜，說了你們也記不住，混子哥就挑重點說：

其他地方先不用管，我們主要注意左上角那塊叫「準噶爾」的地盤。

最先來到這裡的是一群蒙古人，他們從草原西遷到這裡，建了個汗國，叫**準噶爾**。

準噶爾跟大清是萬年冤家，從康熙一直鬥到乾隆，而其他地方都是夾在**大清**和**準噶爾**之間瑟瑟發抖的小弟。

準噶爾　　青海　西藏　蒙古　　大清

準噶爾、青海、蒙古都是由蒙古人的後裔統治，而他們都信**藏傳佛教**，所以關係錯綜複雜，矛盾重重。

　　準噶爾是個很有夢想的部落，因為是蒙古人的後裔，每天都夢想恢復蒙古帝國，總想把小弟們占為己有，然而他一出門欺負小弟，就碰到大清主持正義。

而準噶爾又不抗打，一打就跑。他一跑路，被欺負的小弟就乾脆投向了大清的懷抱。對小弟們來說，準噶爾是豪橫的大哥；但對大清來說，準噶爾卻是親切的小哥。因為只要他們一出現，大清就知道：

又有塊地要來了。

　　簡單地說，大清的領土就是這麼來的。
　　準噶爾第一個跟大清開戰的領導，就是著名的**噶爾丹**。他找了個藉口跑去打**蒙古**，惹得康熙三次親征，才打跑了噶爾丹。

哎呀！
好害怕！

　　此後**蒙古**納入大清版圖。

噶爾丹之後，下一任領導**策妄阿拉布坦**跑去欺負西藏，康熙又派遠征軍去**西藏**，準噶爾的部隊又被打跑了。

此後**西藏**納入大清版圖。

這段歷史的導火線，就是大家對於藏傳佛教中**第六世達賴**的人選產生了分歧，導致一連出現了三位達賴，其中一位就是大家熟悉的**倉央嘉措**。

　　正面槓不過，就玩陰的，準噶爾又慫恿本來就不老實的**青海**鬧事。這時大清是雍正當家，他派大將**年羹堯**去平定叛亂。

　　此後**青海**納入大清版圖。

　　準噶爾沒轍了，只好老老實實待著，畢竟自己家裡也在鬧政變，實在沒精力再跑出去欺負人了。

　　結果，乾隆不答應了。

　　乾隆把準噶爾給滅了。

到這裡為止，經過了三代皇帝，老對手**準噶爾**最終納入大清版圖。乾隆把這塊地方正式命名為**新疆**。

準噶爾是滅了，但其中有一部分仍然拒絕歸順大清，他們有兩個領導，稱為**大小和卓**，於是乾隆繼續平叛。

歷史上的**香妃**，就是在這次事件之後，作為聯姻對象嫁給乾隆的。

乾隆治理國家，開疆拓土，厥功至偉，但他也有滿身的槽點，被詬病至今。

比如他揮金如土，生活極盡奢華，六下江南，趟趟勞民傷財，老百姓怨聲載道。他還縱容貪腐，比如大家都熟悉的**和珅**。

最重要的是，他極其專制，什麼事都由他說了算，誰也別吵吵，於是國家慢慢喪失了創造力，他也正式進入**中國歷史敗家皇帝群**。

　　1795年9月3日，在乾隆皇帝執政的第六十年，他——沒死。但康熙當了六十一年皇帝，乾隆不好意思超過爺爺，於是光榮退休，做了太上皇。

　　而遺憾的是，大清已經走上了下坡路。

二、大清帝國

3. 鴉片戰爭與不平等條約

　　清朝是個勤奮的朝代，從**努爾哈赤**開始的十二個皇帝，個個工作努力，憂國憂民。即便是花花公子乾隆，不管在哪裡撩妹，都不忘先把那裡的江山打下來。

我對女方沒什麼要求，是中國人就行。

　　這麼努力的清朝，還是沒活過三百年。因為世界已經變了樣，新的世界有新的潮流，而大清在最好的時間裡，保持了謎之淡定，結果就是：

　　最後能用的皇帝都用上了，也沒把大清給救回來。

別人家的後浪，都在奔湧。
我，三歲就在刷鍋了。

我們接著上一章的乾隆往下說，故事是這樣的。
乾隆把皇位傳給了一個他很寵愛的兒子。

不不不，永琪你想多了，乾隆寵愛的是一個叫**永琰**的兒子。

他就是**嘉慶皇帝**。

五阿哥**永琪**在歷史上確有其人，他是很聰明很優秀的學霸型人物，不過二十五歲就病死了。

　　我們一般會覺得嘉慶皇帝比較平庸，在歷史上沒什麼存在感，那是你不知道他有多憋屈。

　　乾隆雖然傳位給他，但老頭退休不下崗，依然親自處理國家大事，憋得嘉慶皇帝只能天天看戲打發時間，並終於明白了為什麼說「父母是孩子最好的老師」。

當個爹，還學會拖延時間了……

熬到乾隆終於依依不捨地駕崩，嘉慶自己掌權的時候，他都快四十歲了。

孩子到了更年期，就該放手讓他們獨立生活了。

嘉慶正準備大展拳腳，卻發現他爹居然留下了一個巨大的爛攤子。

首先，乾隆留下了史上最大貪官**和珅**。他雖是乾隆的好朋友，但嘉慶早看他不順眼了，很快就把他拿下殺掉了。

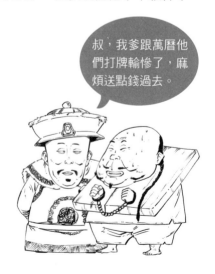

叔，我爹跟萬曆他們打牌輸慘了，麻煩送點錢過去。

然後嘉慶大力治理腐敗，鼓勵大臣說真話、提建議。

嘉慶皇帝厭惡腐敗，誅殺和珅穩、準、狠，但他後續並沒有更好的治理措施，所以和珅沒了，腐敗還在。

其次，乾隆還留下了一堆農民起義。他當年花錢太沒譜，這些爛賬最後都讓老百姓埋了單，所以農民早就開始各種造反了。

只不過在前期康乾盛世的光芒中，這些都不是事，等到乾隆自己把好日子過完，盛世褪色，這些民間起義就成了嘉慶年間的主要項目。

比如他花了十年，終於把一直在民間作亂的**白蓮教**給鎮壓下去了。

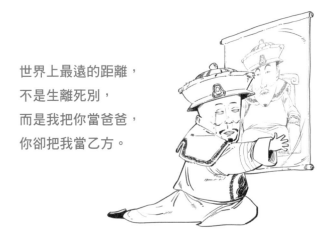

因此，嘉慶雖然沒什麼豐功偉績，但也算是小有作為，至少在背鍋方面是不辱使命的。

然而在19世紀，這些成績還不夠。

講到這裡，我們暫時把眼光挪開，看看歐亞大陸的另一端發生了什麼。

大概在明朝的時候，曾經黑暗貧窮了一千年的歐洲，終於憋出了一個偉大的運動——**文藝復興**。

然後歐洲就像爆發了小宇宙，迸發出強大的生命力。他們馬上就要洶湧而來，把大清推入世界潮流之中。

在歐洲，一個叫**英國**的國家發生了一件了不起的事——

工業革命。

什麼叫工業革命？就是幹活都改用機器了。

織布用**紡織機**

出門用**蒸汽機**

用機器生產產品，又好又快。結果等產品生產出來，英國傻眼了：英國就這麼點人，其中還有些人不支持民族企業。

你不支持國產品牌，有火車為啥不坐！

你都長成這樣了，也不說買塊布遮一下！

就算是整個歐洲，也就這麼點人，那麼機器沒日沒夜地生產，產品都賣給誰呢？

大哥，不就禿個頭嗎，至於這麼費料嗎？

去庫存。

於是他們滿世界尋找人多又有錢的地方，把東西賣出去。
那世界上哪裡人多呢？

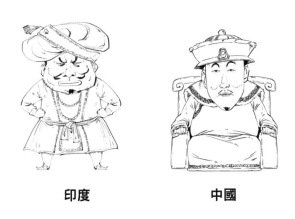

印度　　　　　中國

眾所周知，英國人一來亞洲，首先就把印度給搞定了。

哥，一塊
玩不？

但當他們熱情洋溢地來到中國時，卻被塞了一嘴閉門羹。

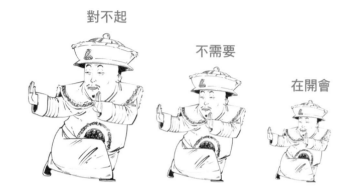

對不起

不需要

在開會

大清皇帝正閉關鎖國呢。

中國太大了，種啥長啥，要啥有啥，所有的東西都能自己生產，根本不用從外國進口。

就算你把自己玩廢了，

都能給你再長一個出來。

英國人帶來的洋玩意兒，皇帝根本看不上。

但我們天朝大國講禮儀，人家漂洋過海來看你，你總得意思意思。所以大清把**廣州**開放給英國人做點小生意，而英國人申請再加幾個地方——對不起，不可能。

　　如果中國人只是不買英國貨，也就算了，關鍵是英國人還特別喜歡中國貨，瓷器、絲綢、茶葉什麼的，一到歐洲就被搶得精光。

　　這邊不買你的貨，那邊還要把東西賣你，錢全被中國人給賺走了，對英國來說，這叫**貿易逆差**。

英國人很不爽，他們必須找到中國人喜歡的商品，把錢給賺回來。最後他們終於發現了一種東西在中國很受歡迎，那就是：

鴉片

　　於是皇帝們越閉關、越傲慢，英國人就越玩命地往中國賣鴉片。

　　嘉慶就是傲慢的皇帝之一。他和之前所有的皇帝一樣，端著天朝大國的架子，對洋人的科技和思想毫無興趣，一心忙於中國皇帝的傳統項目，壓根兒沒有意識到世界正在發生巨變，更沒想過要融入世界，繼續堅持閉關鎖國。

　　於是鴉片繼續泛濫。

嘉慶不傻，他明白鴉片不是什麼好東西，立刻禁止了鴉片生意。

鴉片本來是種藥，很早就進入中國了，不知道被誰當煙抽了之後就變成了毒品。傳說萬曆皇帝沒事就躲在後宮抽鴉片。

清朝**雍正**年間就禁過鴉片，**乾隆**看鴉片買賣能收稅，又放開了生意，直到**嘉慶**年間才重新禁煙。

英國人好不容易憋出鴉片這麼個大招，怎麼會輕易放棄？不讓明著賣，就改成走私。所以清朝雖然禁煙，但鴉片販賣卻一點兒也沒少，並且偷偷摸摸地度過了嘉慶，來到了**道光**年間。

道光皇帝

道光皇帝年輕的時候，是很拉風的。當年嘉慶還在世，有一次他不在皇宮，一群造反的農民居然爬進了紫禁城，宮裡所有人都嚇尿了。這時有一個皇子，沉著冷靜地拎著一把鳥槍，把兩個剛爬上牆頭的農民給砰砰了。

這個威風的皇子叫**旻寧**，後來就成了**道光皇帝**。誰知道他當上皇帝之後，就再也沒威風過。道光同樣是努力勤奮的皇帝，還非常節儉，從不鋪張浪費，據說衣服破了還要補上再穿。

然而世界洪流洶湧而來，補丁是堵不住的。

道光年間，中國到處都在吸鴉片，皇帝多次禁煙都沒用。有個大臣心急如焚地說：

他就是湖廣總督**林則徐**。

於是道光派林則徐去廣州禁煙。林則徐是最強硬的禁煙派，性格還很剛烈，一到廣州二話不說，就把英國人的鴉片存貨毀了個乾淨。

　　這就是著名的**虎門銷煙**。

　　這件事情英國人是不能理解的。因為在英國，即便是英女王也不敢隨便動平民的東西，鴉片還沒賣出去，放在倉庫裡就是私人財產。

不過這事英國人不敢發脾氣，遠在英國的女王也知道鴉片不是什麼正經生意，不好意思發作。

　　然而幾個月後又出事了。

　　英國水兵在香港打死了中國人，結果他們自己胡亂判了個罪，沒交給中國處理。皇帝很生氣，當時就跟英國人說：

都給老子滾！別說鴉片了，什麼生意都不做了！

　　女王終於坐不住了，賺錢的欲望促使她決定：一定要用大炮，來打開中國的大門。

於是，震驚中外的、代表中國從此走進近代歷史的**鴉片戰爭**就此拉開序幕。

所以**鴉片戰爭**其實不是由鴉片直接引起的，純粹就是英國人想在中國強買強賣。

當時英國駐華商務總監叫**義律**，也就是被林則徐銷煙的那個商人。

他在廣州盼啊盼，終於等來了英國軍隊，然後他們一起北上，要找道光皇帝講道理。

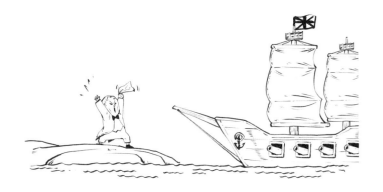

這時候的大清才發現，人家的工業革命不只造了些洋玩意兒，還造出了艦隊和大炮。

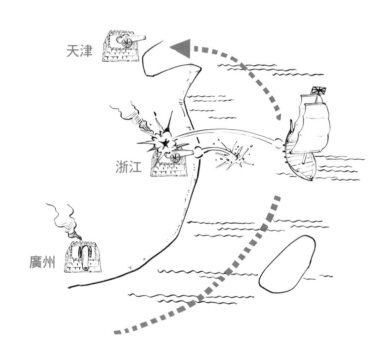

大清落後的武器根本扛不住，英國人一路北上，打到了**天津**。

道光皇帝害怕了，趕緊把林則徐給撤掉，發配到新疆，然後換了個人去跟英國人談判。

這個人叫**琦善**。

都被人打到了家門口，琦善一來，氣勢上就輸了。

大哥，先把炮給撤
了吧，怪嚇人的，
咱們回廣州談。

於是大家又回到廣州談判，可是英國人辦事不地道，這邊還沒談完呢，那邊又打起來了。

英國人炮轟廣州城，琦善又不派援兵，老將**關天培**苦苦支撐，最後壯烈犧牲。

　　義律步步緊逼，琦善步步退後，但是最終談來談去，也沒達成什麼實質性的結果，兩邊的老闆都不高興了。

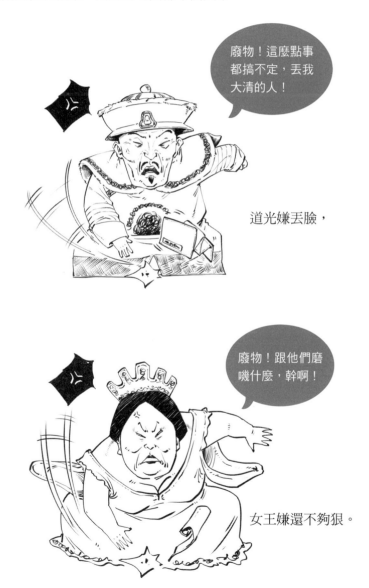

道光嫌丟臉，

女王嫌還不夠狠。

於是**琦善**和**義律**都被撤了，英國也換了個人來中國處理問題。

　　怎麼處理呢？繼續打唄。於是英國人再次從廣州出發，這一次，打到了**南京**。

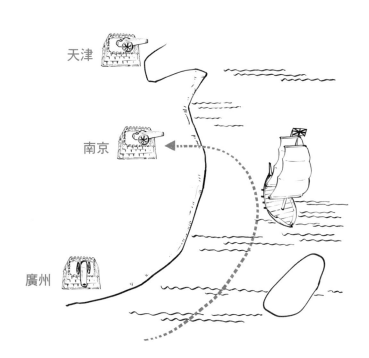

　　大清只好服軟，終於簽下了一份正式條約。這個條約就是在中國此前歷史上從未有過的、屈辱的——

　　在**《南京條約》**裡，大清被要求賠了很多錢，還開放了五個沿海城市讓英國人自由做生意，而最重要的是：

《南京條約》把香港島正式割讓給了英國。

1982年，中國和英國重新談判，最後香港終於在**1997**年回歸祖國。

讓我們再來簡單回顧一下**鴉片戰爭**全程：

1.林則徐從北京到廣州，發動虎門銷煙。

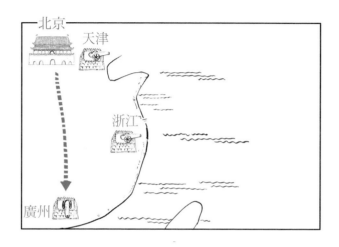

2.英國人不服，從廣州打到天津，途中占領了浙江的一些城市。

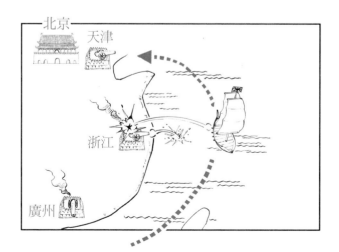

3.大清服軟，派琦善和英國人回廣州談判。

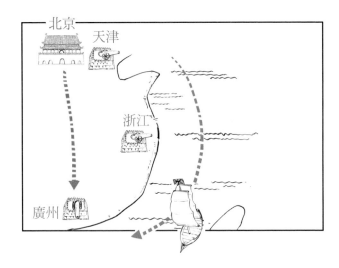

4.談判破裂，英國人又從廣州打到南京，大清簽下了**《南京條約》**。

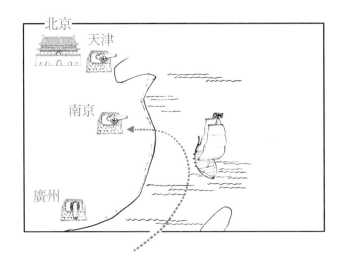

《南京條約》的問題不只在於條約本身，而是讓歐洲一些二三流的國家都發現了，原來傳說中的大清帝國竟然這麼弱，不趁機過來撈一票都對不起國家，對不起人民。

　　於是，他們紛紛開著自己的鐵甲船跑到中國來炫技，曾經不可一世的大清朝再也不敢招惹歐洲人，不管他們提出什麼條件，都只能答應下來。

　　因此，在道光皇帝之後，大清便開啟了簽署各種不平等條約的時代。

　　許多城市被搶去當了租界，沒有自己管理的權力，歐洲列強就像吸血蟲一樣吸附在中國的土地上，甩都甩不掉。

　　大清就這樣淪為**半封建半殖民地**國家。

　　在這個過程中，清朝本來有機會為自己續命，但很遺憾，歷史不認本來。

二、大清帝國

4. 大清帝國的三次自救

　　清朝最後這段日子，堪稱多事之秋。你光看大事記，都會覺得大清王朝最後可能是忙死的。

　　雖然在我們眼中《南京條約》很屈辱，但在當時看來，只是大清在海邊小敗幾場而已。太陽照常升起，歷史繼續向前。

　　道光過後，**咸豐皇帝**來了。

　　咸豐可能是大清活得最不開心的皇帝，因為他從上崗一直到駕崩，一天好日子都沒過過。

　　首先是全方位無死角的民間起義：時間上，貫穿整個咸豐年代；地理上，南北全占了。

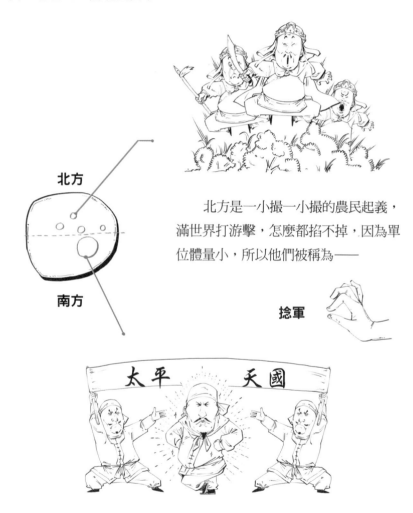

北方

南方

北方是一小撮一小撮的農民起義，滿世界打游擊，怎麼都掐不掉，因為單位體量小，所以他們被稱為——

捻軍

　　南方有個叫**洪秀全**的，他說自己是耶穌的弟弟，吸了一堆農民粉絲，咸豐一上位，他們就起義了。他們在南京建了個國家，叫**太平天國**。

　　這兩起造反事件雖然麻煩，但在另一件事面前，只能算是小打小鬧：距離**《南京條約》**的簽訂已經十多年了，英國人想重新談一談條約，趁機再撈一把。

你看這個合同，是不是有點過時了？

《南京條約》裡沒有規定今後可以重談，但規定了英國要享有和其他國家一樣的待遇，而大清跟別的國家約定了可以重談條約，這一條就成了英國人的依據。

這時候的大清，大概對自己還挺自信，態度強硬，毫不妥協，甚至對此避而不談。

起開❶！

這讓英國人憋得不行，又找不到地方發作。歷史上一旦有人憋得難受，想搞事的時候，藉口一般都會自己找上門來。

就在這個時候，大清在海邊截了一條走私船，叫**亞羅號**。

停！

亞羅號明明是艘中國船，卻插了桿英國國旗。在查獲過程中，這桿英國國旗被扯了下來。

　　英國人趕緊抓住這起**「外交事件」**，要大清道歉，大清十分迷惑，又一次拒絕。

幾乎同時，法國人也說自己的傳教士**馬神甫**在中國被殺了。兩邊一勾搭，於是組成了**英法聯軍**。

於是又開始炮轟廣州城。

這就是**第二次鴉片戰爭**。這一次大清終於確認了，自己真的打不過外國人。

英法聯軍直接打到了北京，咸豐皇帝嚇得只能帶著老婆孩子逃出北京，來到熱河避難。

然而英法聯軍來到北京，連北京城都沒進，就先衝著旁邊的皇家園林**圓明園**去了。

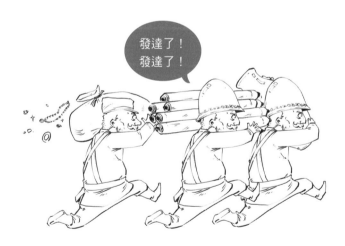

圓明園裡有無數寶貝，他們大搶了三天三夜，把園子洗劫一空，帶不走的就砸爛毀掉。

實在沒辦法了，咸豐只能派留守北京的弟弟跟英法聯軍談判。

這個弟弟叫**奕訢**，排行老六，也就是大家常說的**小六子**。

這一談，大清又被牽扯出一起**虐待英國人質**的事件。作為報復，英國人一把火燒掉了本來就已經一片狼藉的圓明園。

這把火燒了三天三夜，無數中國人智慧和汗水的結晶、人類歷史上的文化瑰寶從此變成焦炭。

英法聯軍在進入北京之前，跟大清有過一次談判，幾十個英國代表被大清扣押，最後死在獄中。這就成了英法聯軍火燒圓明園的最好理由。

第二次鴉片戰爭的結果就是，大清又多了兩個屈辱的條約——

咸豐皇帝也在簽完條約之後，黯然死在了熱河。

皇家園林被燒了，就相當於一巴掌打在了大清的臉上，總算有了些作用，大清覺得有必要給自己續命了。於是我們接下來將看到大清的三次自救行動。

第一次自救：洋務運動

咸豐只有一個兒子，才六歲，順理成章地繼任皇帝。按照慣例，咸豐也給他留了八個大臣當導師，叫**顧命大臣**。

但是想輔佐小皇帝的，不僅有顧命大臣，還有小皇帝他媽。

我的兒子，我作主。

慈禧太后

慈禧太后貪戀權力，她希望利用兒子把持朝政。就這樣，**顧命大臣**和**慈禧**槓上了。

　　慈禧心機過人，很快就發動了一場政變，順利幹掉八個顧命大臣，從此站上了大清的權力頂峰。

小皇帝、**顧命大臣**、**慈禧**當時都在熱河。英法聯軍的危機一解除，慈禧就快馬加鞭，先一步回到紫禁城，跟小六子一起策畫政變，把顧命大臣全部除掉。這就是**辛酉政變**。

慈禧並不是咸豐的皇后，因為兒子當了皇帝，才從貴妃直接變成太后。她和咸豐的皇后並稱**東西二宮**，兩宮太后從此並肩垂簾聽政，共同治理國家。

因此，這個小皇帝在位時的年號就叫同治。這就是**同治皇帝**。

慈禧雖然消滅了政敵顧命大臣，但作為一個女人，在朝廷裡勢單力薄，難以服眾，她只能想辦法尋找自己的小夥伴。

而就在這個時候，有幾個大臣立下大功，他們把**太平天國**、**捻軍**這些民間起義都平息了。

他們就是清末名臣曾國藩、李鴻章、左宗棠等。

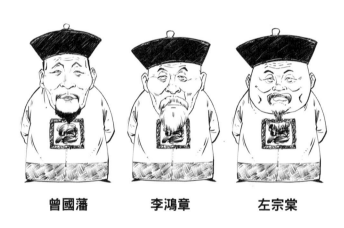

曾國藩　　　李鴻章　　　左宗棠

　　他們都是漢臣，本來並不受朝廷重視，但這些功勞讓他們一躍成為實力派，也成了慈禧太后必須拉攏的人。怎麼拉攏呢？這幾個大臣都認識到：想要不被列強欺負，必須學習西方先進的科學技術，這就叫**師夷長技以制夷**。

於是在慈禧的支持下，第一次轟轟烈烈的自救行動開始了，這就是──

洋務運動。

大清開始從西方購買先進的武器，自己創辦軍工廠、造船廠等。

從此中國有了礦廠、電報、學校、新式軍隊，還組建了當時實力排名**亞洲第一、世界第九**的海軍──

北洋水師。

在短短時間內，自強運動就讓大清國力倍增，這個時期被稱為**同治中興**。

　　不過尷尬的是，同治皇帝沒怎麼享受到自己的中興，在19歲的時候就去世了。他有個堂弟被推上皇位，這就是——

光緒皇帝

光緒皇帝跟慈禧的關係是這樣的：

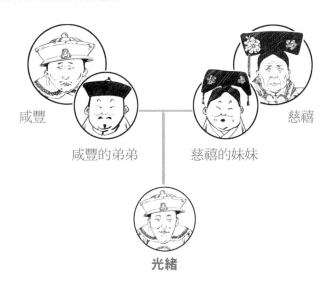

雖然光緒既是慈禧的外甥，又是慈禧的侄子，但他也只是慈禧的又一個傀儡。

洋務運動讓大清學會了造西方人的槍炮，卻沒有真正理解西方的思想，所以大清國力一提高，就懈怠了。

　　慈禧太后不再思考怎麼增強軍隊的實力，一心想著她即將到來的六十歲生日。

　　她借訓練海軍的名目，建了**頤和園**供自己玩樂。而當年犀利的北洋海軍，艦船久不更新，破舊不堪。

還有一種說法是，她並沒有挪用海軍軍費，而是借訓練海軍的名目斂了更多的錢來建園，軍費倒是還在，不過沒拿出來。

　　大清的落後並不致命，致命的是你在落後的時候，有人在玩命衝刺。

　　隔壁的**日本**，也被外國人一炮轟開了國門。大清和日本本來是難兄難弟，但日本很快就決定向西方學習，徹底改變自己。

　　這就是著名的**明治維新**。

　　維新之後的日本實力大增，野心也大增，終於在1894年和大清在朝鮮問題上爆發衝突，打了一場海戰。

中國人做夢都想不到，打不過西洋人也就算了，從來沒用正眼瞧過的東洋人，居然也能讓自己輸得徹徹底底。

1894是**甲午年**，這就是**甲午戰爭**。

大清又添了一個 **《馬關條約》**。請記住，在這個條約裡，台灣及其附屬島嶼被割給了日本。

自強運動的那點成果，被一仗敗得乾乾淨淨，大清第一次自救失敗。

第二次自救：戊戌變法

甲午戰爭讓所有中國人痛心疾首，有人意識到，僅僅學點西洋科技是不夠的，問題的根源在於落後的封建制度。於是他們找到了光緒皇帝：

光緒雖然是個傀儡，但他開明而胸懷抱負，在他的支持下，大清開始了第二次自救——這是一場叫**戊戌變法**的維新運動。

這場維新運動提出了許多新的思想和理念，但這些新政很快就惹毛了真正的大老——保守的**慈禧太后**。

於是這場維新運動才開始了一百零三天就被喊停。這就是**百日維新**。

最後的結果是，慈禧下令抓捕維新人士，像**譚嗣同**、**康有為**、**梁啟超**這樣的有志之士，逃走的逃走，就義的就義。有六位維新人士英勇犧牲，他們就是**戊戌六君子**。

　　連光緒皇帝自己都被太后關在皇宮裡一個叫瀛台的小島上。

　　大清第二次自救失敗。

第三次自救：只好革命了

　　西方人繼續在大清為所欲為，逼得民間老百姓只能自己找洋人報復，見到洋人就打砸搶。

他們組成了民間復仇者聯盟，自稱個個都有超能力，刀槍不入，隔空取物。

這個聯盟叫**義和團**。

慈禧太后發現有人能幫她教訓洋人，竟然官方支持他們的報復行動。這個傻傻的操作，把中國所有的洋人都惹毛了，他們聯合起來，又打進了北京。

這就是**八國聯軍**。

　　慈禧一看，玩大了，趕緊又一次逃出紫禁城，遠遠地躲到西安去了。

　　躲著也不是辦法，最後只能又反過來剿殺義和團，向洋人表示「對不起，我錯了」。

最後的結果是，大清跟所有國家又簽了一個不平等條約：

大清把許多土地都割讓給了西方列強。不過從大清攫取最多土地的並不是那些炮火最猛烈的國家，而是一直在大清背後用政治手段威逼利誘的**俄國**。

堂堂大清國，竟混到這種地步。有識之士終於認識到，國家孱弱，根源在於**封建帝制**，於是開始了第三次自救：

預備立憲

這一次，我們直接改皇帝！

　　關於皇帝怎麼改，分成了兩派。

　　一派叫作**立憲派**。他們認為帝制不好，要稍微改改，改成西方那種**君主立憲**。

　　什麼叫君主立憲？

　　在歐洲是這樣的：皇帝還保留，但不用操心國家大事，開開心心地當吉祥物就好了。

那國家大事誰來管呢？

從全國找一堆有本事的人，湊上一桌，有事大家一起商量著來定，各個階層都有機會參與政治，這個叫**議會**。

定完之後，再從議會裡挑幾個人組成**內閣**，負責把議會定下來的事情推行下去。

　　大清朝廷覺得這個模式不錯，可以搞一搞，結果一學就變樣了：內閣一大半都是皇親國戚。

　　表面上立憲了，但結果還是皇家說了算。一場改革白幹了。

　　一部分立憲派人士很失望，只好轉投另一派。

　　另一派人覺得大清徹底沒救了，皇帝壓根兒不能要了，必須推翻，重建一個全新的共和國。

　　他們就是**革命派**。

　　他們一直在偷偷瞅著機會，準備一舉幹掉大清朝。

大概就在這個時候，發生了兩件事：

1.慈禧和光緒皇帝幾乎同時去世，新上任的皇帝才三歲。

他就是**愛新覺羅・溥儀**。

大清在一夜之間，出現了權力真空。

2.保路運動在四川聲勢浩大。清政府突然宣布「鐵路國有」，但又不歸還此前民間資本的投入，損害了人民的利益，引發了民間起義。

　　四川出事，政府趕緊把附近的軍隊調往鎮壓。這一調，就把武昌的軍隊給調走了。

　　武昌是個什麼地方？這裡本來就是工業重鎮，有兵工廠、鐵廠等一大批工業設施，還有新式學堂，人才濟濟，更有火辣辣的鴨脖子和革命思想，正是革命黨人最理想的起義之地。

　　可就在革命黨人打算起義之前，發生了意外──有人在配置炸藥的時候，一個不留神，把它引爆了。

起義的計畫就這麼提前暴露了，革命黨人索性立刻揭竿而起。1911年10月10日晚，**武昌起義**爆發。

起義迅速蔓延，緊接著就引發了一次真正的大革命。這就是**辛亥革命**。

大清朝立國近三百年，正式滅亡。中國曾經有無數個朝代都經歷了滅亡的那一天，但清朝這一天絕對不同於所有的「那一天」，這不僅僅是又一個朝代的覆沒，連同整個中國的封建時代也走到了終點。

大清從單純的技術學習，到根本的社會革命，表面上看這是大清一次一次的自救，實際上這是中國人一點一點的覺醒，中國一步一步地從封建蒙昧邁向現代文明。

大清的第三次自救，既失敗了也成功了，它沒能拯救病入膏肓的大清王朝，卻拯救了整個中國。

好了，《半小時漫畫中國史》已經來到了封建時代的終點，接下來中國將會開啟全新的時代。

二、大清帝國

5.番外篇

那些年和大清一樣弱的國家，
憑什麼成了列強？

日本　　　　　德國　　　　　俄國

我們一般都說，鴉片戰爭是大清國從強變弱的轉折點——當我們還沉浸在天朝上國的美夢中時，整個世界已經變了。

　　怎麼個變法呢？

　　自從歐洲開始文藝復興，科技樹那叫一個噌噌往上躥。

　　以前大家都是農民，想活命就要苦哈哈地種田，這叫**封建小農經濟**。

　　科技發達之後，大家發現機器搞生產比人厲害多了，效率槓槓的，賺錢嘩嘩的，於是紛紛開起了工廠。

　　這就是**資本主義經濟**。

　　而工廠要想賺錢，不僅要開足馬力搞生產，還要把產品都賣出去。這個過程需要這兩類人：

幹活的工人　　　　　　　消費的顧客

我們管這種生產方式，叫作**資本主義生產方式**。

　　結果資本主義剛冒了個頭，就差點被摁死在搖籃裡。因為想要開工廠，你得先過一個難關：

地主

　　地主老爺霸占土地，農民沒有人身自由，不能去打工，窮得叮噹響。

　　那誰來買工廠生產的產品呢？所以你看，開工廠的缺人又缺錢，地主老爺又把持著土地和農民，這個矛盾要是沒解決好，這兩撥人遲早得幹起來。

　　幹起來的後果怎樣呢？那是相當嚴重——

法國大革命爆發了！

著名的法國大革命，就是因為資本家跟地主老爺兩邊幹上了，於是整個巴黎變成了大型火拚現場。

法國大革命的結果，就是貴為國王的路易十六，居然被拉出來砍了頭。

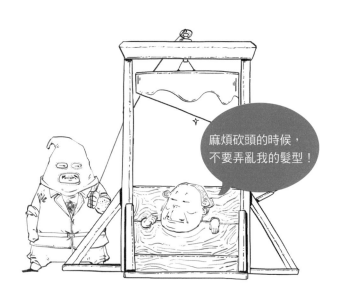

麻煩砍頭的時候，不要弄亂我的髮型！

這就把周邊國家的國王嚇尿了：

既想把國家制度改造成資本主義，又不敢下手太狠——萬一再來一場大革命，誰受得了？所以就打算來一點溫和的：

改革沒有那麼容易，每一個人都有自己的脾氣。你看大清的各種改革——

洋務運動：

一個甲午戰爭基本打沒了所有成果。

戊戌變法：

沒成功，還搭進去一個皇帝。

預備立憲：

抄外國的作業都沒抄明白。

　　這麼多改革，全都打了水漂。所以說，改革要想成功，難度堪比彩票中獎。但放眼世界，還真有些改革比較成功的國家，我們來舉幾個例子：

日本　　　　　　德國　　　　　　俄國

這哥兒幾個以前都弱得挨打，但改革之後全成了列強：

接下來我們就聊聊，19世紀的**日本、德國、俄國**改革，是怎麼從一個封建國家進入列強行列的。

一、日本明治維新 —— 憲法說，西方的月亮特別圓

　　明治維新之前，日本正處在幕府時代，天皇被架空成了擺設，大大小小的事都是幕府將軍說了算。

這時候的德川幕府，跟大清一樣，也搞起了**閉關鎖國**，不讓洋人來日本做生意。

這種閉關鎖國的小日子過了兩百多年，直到美國人開著軍艦過來，強行要跟日本做生意。

美國艦隊中的黑色鐵甲軍艦非常強，把日本人嚇尿了，所以這次事件也被稱為**黑船事件**。啪！

　　德川幕府看到美國人的軍艦這麼牛，馬上腿軟認輸，之後美國在日本就可以隨便做生意了。英國、法國等其他國家看到了，也嚕嚕跑過來欺負日本。

　　日本人一看，我們的幕府怎麼這麼沒用呢！於是立馬推翻幕府，讓天皇重新上崗。

　　重新上台的天皇，叫**明治天皇**，他很有抱負，一心想把日本做大做強，於是拉著大家搞了場轟轟烈烈的資本主義改革。這就是著名的**明治維新**。

　　可能是被美國黑船刺激狠了，日本人覺得歐美的月亮特別圓，必須從根本上學歐美，歐美啥樣他們就得啥樣。這叫**全盤西化**。

　　日本要全盤西化，必須重點搞定一件事：將原來那套封建經濟制度斬草除根！

　　在幕府時代，整個社會被劃分成**「士農工商」**四個階層：

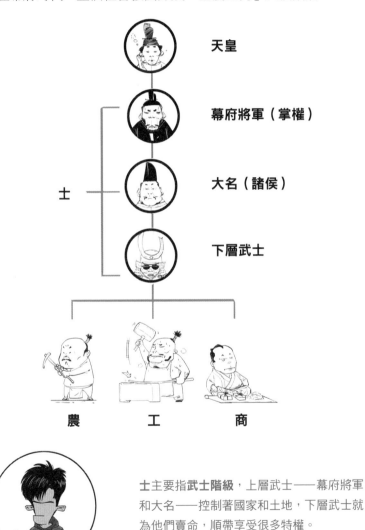

士主要指**武士階級**，上層武士——幕府將軍和大名——控制著國家和土地，下層武士就為他們賣命，順帶享受很多特權。

為了廢掉這個等級制度，當時的日本首相、改革急先鋒**伊藤博文**，馬上搞了一部**《明治憲法》**。

　　憲法裡規定：

明治憲法是一部資本主義憲法。這種實行資本主義政體，同時又保留了君主的制度，就是我們常說的**君主立憲制**。

　　然後天皇就發話了：以前享受特權的武士階級，都要變成和農民、工人一樣的平頭老百姓。

　　從此，日本的階級就從原先的**「士農工商」**變成了這樣：

天皇（領導班子負責政治）

資本家（負責經濟）

農民和工人（負責被剝削）

從此以後，日本要人有人，要錢有錢，卯足幹勁搞發展。正如明治維新的口號：**富國強兵，殖產興業，文明開化**。

經過明治維新幾十年，日本變成了一個**資本主義國家**，接下來的事大家都知道了：

日本在**甲午海戰**中打敗了大清的北洋艦隊，又在**日俄戰爭**中幹翻了沙俄，成了妥妥的東亞小霸王。

二、德國容克地主改革——
當什麼地主老財，我們一塊開廠啊

接下來看看遠在歐洲的德國，它有兩個大難題。

第一個問題：德國是個散裝貨。

由於歷史的原因，德國不像別人一樣鐵板一塊，是由一大堆小國家湊起來的，大概是這個樣子：

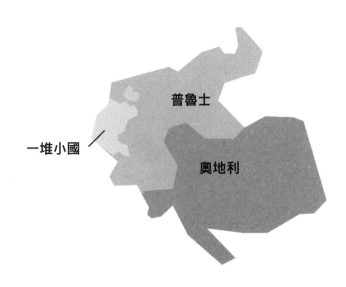

後來，在東北角的**普魯士**出現了一個特別厲害的領導人，他把除奧地利以外的德國統一了。這個人就是著名的──

鐵血宰相俾斯麥

　　第一個問題解決了，第二個問題就來了。
　　俾斯麥發現，德國雖然統一了，但也沒強到哪兒去，因為從軍隊到政府都掌握在一群地頭蛇的手裡──

大家好，我們又見面了！

容克

容克說白了就是德國的大地主，這些人霸占著土地和農奴，有錢有權，小日子過得那叫一個開心。

容克地主越強大，德國的工業就越虛。再這麼下去不像話，必須想辦法改革。然而容克地主真的太強了——

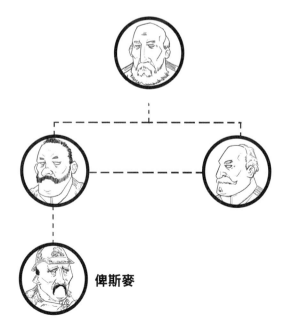

俾斯麥

看明白了嗎？連宰相俾斯麥自己的家族，都是容克。

因此，德國不能學日本，把自己國家的容克直接廢了。俾斯麥絞盡腦汁想了半天，發現一件事：

雖然容克地主很礙事，但他們對錢那是真的喜歡！

所以他想了一個絕妙的方法：讓容克地主和資本家**一起賺大錢**！

於是，這場容克地主改革就開始了。容克地主不再只盯著土地，他們在政府的鼓勵下投資大資本家開的銀行和工廠。

資本家也可以跑去買容克地主的農場莊園，順便雇幾個工人幫自己種地放羊。

就這樣，資本家和容克地主互通有無，大家躺著就都把錢賺了，德國也開始嚕嚕地發展起來。

　　不過混子哥必須補充說明：德國的改革雖然效果不錯，但是改得很不徹底。好吃懶做的容克地主們一旦沒錢了，就四處惹事，後來一戰、二戰德國被群毆，部分原因和他們有關。

　　我們以後詳細聊聊這事兒。

馬克思這樣評價改革之後的德國：它是個以議會形式粉飾門面，混雜著封建殘餘，已經受到資產階級影響，按官僚制度組織起來，並以警察來保衛的軍事專制制度的國家。

三、俄國亞歷山大二世改革——翻身農奴把歌唱

　　講完德國，我們繼續來看俄國。俄國這貨雖然塊頭很大，但是虛得很。當時的俄國，一共就兩類人：

10%的地主，
他們占有土地。

90%的農奴，
他們替地主種地，
收成中的大部分都交給地主，
沒有人身自由。

　　這就是**農奴制**。

搞農奴制的俄國工業水平弱得夠嗆，農奴被壓迫得特別慘，動不動就會造反。

這種環境下，工廠根本開不起來，因為沒工人幹活，也沒多少人買得起工廠的商品。

有個人感到壓力山大，他就是當時的沙皇──

再這麼下去，俺就要拍《末代沙皇》了！

亞歷山大二世

亞歷山大二世猶豫了半天，最後下定決心：讓所有農奴直接變成有土地的自由農民。

他先是頒布了一條廢除農奴制的法令：

自由很好，但農奴分不到土地，自由有個錘子用啊？

讓地主送點土地給農奴？大哥你想多了，這時候的地主可是正憋了一肚子火呢！

亞歷山大二世終於想出一個好辦法：
首先政府借錢給農奴，

然後讓他們以三倍的價格找地主買地。

於是改革的結果就是**政府**躺著收利息，**地主**得到了三倍地價的補償，**農奴**自己也有了地。

　　表面上大家都好開心，但農奴們高興得太早了。他們馬上就發現：怎麼剛解放就背上高額貸款了呢？

於是大部分農奴解放之後，其實只有兩個選擇：

1.成為雇農，繼續
給地主幹活；

2.進工廠當工人。

即便是這樣，農奴制改革還是給俄國續上了半條命，讓俄國強盛了幾十年。

　　然而到了最後，老百姓還是忍不下這口氣——**十月革命**爆發，國家變了天，無產階級**翻**身做了主人。

最後，混子哥給大家準備了一個知識總結：

	日本	德國	俄國
改革名稱	明治維新	容克地主改革	亞歷山大二世改革
改革根本原因	封建社會生產關係不適應資本主義經濟發展的需要		
改革內容	全盤西化	對容克地主進行資本主義改造	廢除農奴制
改革結果	將本國改造成了資本主義國家，在一段時間內成為世界強國，但改革都不徹底，具有局限性		

好了，扯了這麼多國家的改革故事，我們可以……

啥改革故事啊！你不講了一整篇鬥地主嗎？

我們可以發現：一個國家必須勇於且善於擁抱變化，隨時保持謙卑，不斷學習，才能不斷強大。大清王朝至死都沒能真正明白這一點，因此沒能趕上這列世界快車。這當然是一個巨大的遺憾，但是這個遺憾又無比寶貴。

正是因為曾經這一路的趔趄❶，讓我們找到了正確的道路，今天才能昂首挺胸，健步如飛。

有看有懂‧詞語小教室

一、大明王朝──1.全能型創業者朱元璋

1.四仰八叉：人仰面朝天，四肢分開的不雅觀姿態。
2.妻管炎，在吃頭孢：「妻管嚴」的諧音，在吃抗菌藥。
3.返聘：將已退休人員再回聘。
4.攢一撥：集中在一起。
5.鬧心：心情不好、煩躁。

一、大明王朝──2.鬧心事最多的六個皇帝

1.槽點：讓人想吐槽的爆點。
2.截和：麻將術語，等於「截胡」，引申為斷人財路的意思。
3.拎得清：做事能分辨輕重緩急，解決問題。

一、大明王朝──3.隆慶皇帝最佛系；萬曆皇帝不上朝

1.待見：喜愛。
2.拚爹：靠爸。
3.懵了：驚訝、茫然。

一、大明王朝──4.站在王朝終點的三個苦命皇帝

1.咋整：怎麼辦。
2.黃了：失敗、落空。
3.雞賊：狡猾、精於算計。
4.刺兒頭：愛挑剔、刁難，不好對付的人。
5.槓槓的：非常好，無可挑剔的。

二、大清帝國──1.走出東北的女真人

1.包了圓：全部包下。
2.托尼：網路流行語，又叫Tony，用來調侃理髮師，意思是「拜託你剪得好看一點。」

二、大清帝國──4.大清帝國的三次自救

1.起開：讓開。

二、大清帝國──5.番外篇：那些年和大清一樣弱的國家，憑什麼成了列強？

1.趔趄：身體搖晃，站立不穩的樣子。

國家圖書館出版品預行編目資料

半小時漫畫中國史5：明清大亂鬥，笑著笑著就亡了／
陳磊　著.-- 初版.-- 臺北市：究竟，2023.12
　　336面；14.8×20.8公分 --（歷史：85）

　　ISBN 978-986-137-420-8（平裝）
　　1.中國史　2.通俗史話　3.漫畫
610.9　　　　　　　　　　　　　　112017274

www.booklife.com.tw　　　　　　　　reader@mail.eurasian.com.tw

歷史　085

半小時漫畫中國史5——明清大亂鬥，笑著笑著就亡了

作　　者／陳磊（二混子）
發 行 人／簡志忠
出 版 者／究竟出版社股份有限公司
地　　址／台北市南京東路四段50號6樓之1
電　　話／（02）2579-6600‧2579-8800‧2570-3939
傳　　真／（02）2579-0338‧2577-3220‧2570-3636
副 社 長／陳秋月
副總編輯／賴良珠
責任編輯／柳怡如
校　　對／柳怡如‧賴良珠
美術編輯／李家宜
行銷企畫／鄭曉薇‧陳禹伶
印務統籌／劉鳳剛‧高榮祥
監　　印／高榮祥
排　　版／杜易蓉
經 銷 商／叩應股份有限公司
郵撥帳號／18707239
法律顧問／圓神出版事業機構法律顧問　蕭雄淋律師
印　　刷／祥峰印刷廠
2023年12月　初版

原書名：《半小時漫畫中國史5》（第五集）
作者：陳磊‧半小時漫畫團隊
本書中文繁體版由讀客文化股份有限公司經光磊國際版權經紀有限公司授權
究竟出版社股份有限公司在全球（不包括中國大陸，包括臺灣、香港、澳門）
獨家出版、發行。
All rights reserved.
copyright © 2020 by 陳磊‧半小時漫畫團隊

定價 360 元　　　　ISBN 978-986-137-420-8　　　
◎本書如有缺頁、破損、裝訂錯誤，請寄回本公司調換　　Printed in Taiwan